縮小ニッポンの衝撃

NHKスペシャル取材班

講談社現代新書

2436

本書で使用している写真は、特に断りがない限り、２０１６年9月25日放映ＮＨＫスペシャル『縮小ニッポンの衝撃』取材班が撮影した画像を使用している。

プロローグ

私たちが生きる日本。これから先、どんな未来が待っているのだろうか。

2016年に発表された国勢調査（2015年）によると、我が国の総人口は1億2709万人。5年前の調査と比べて、96万2667人の減少である。「人口減少」と言われて久しいが、実は、1920年（大正9年）の開始以来100年近い国勢調査の歴史上初めて日本の総人口が減少に転じた、ひとつの大きな節目であった。

今回、大阪府も68年ぶりに「増加」から「減少」に転じるなど、全国の実に8割以上の自治体で人口が減少した。しかも、減少の幅は拡大傾向にある。私たちがこれから経験するのは、誰も経験したことのない「人口の急降下」だ。

国土交通省が作った次頁のグラフをご覧いただきたい（図P－1）。日本人の「来し方」と「行く末」を人口という観点から俯瞰したものだ。

明治維新が起きた1868年、わずか3400万人あまりだった日本の人口は、医療・衛生状態の改善や食生活の向上、経済成長によって、昇り竜のような勢いで増え続けてき

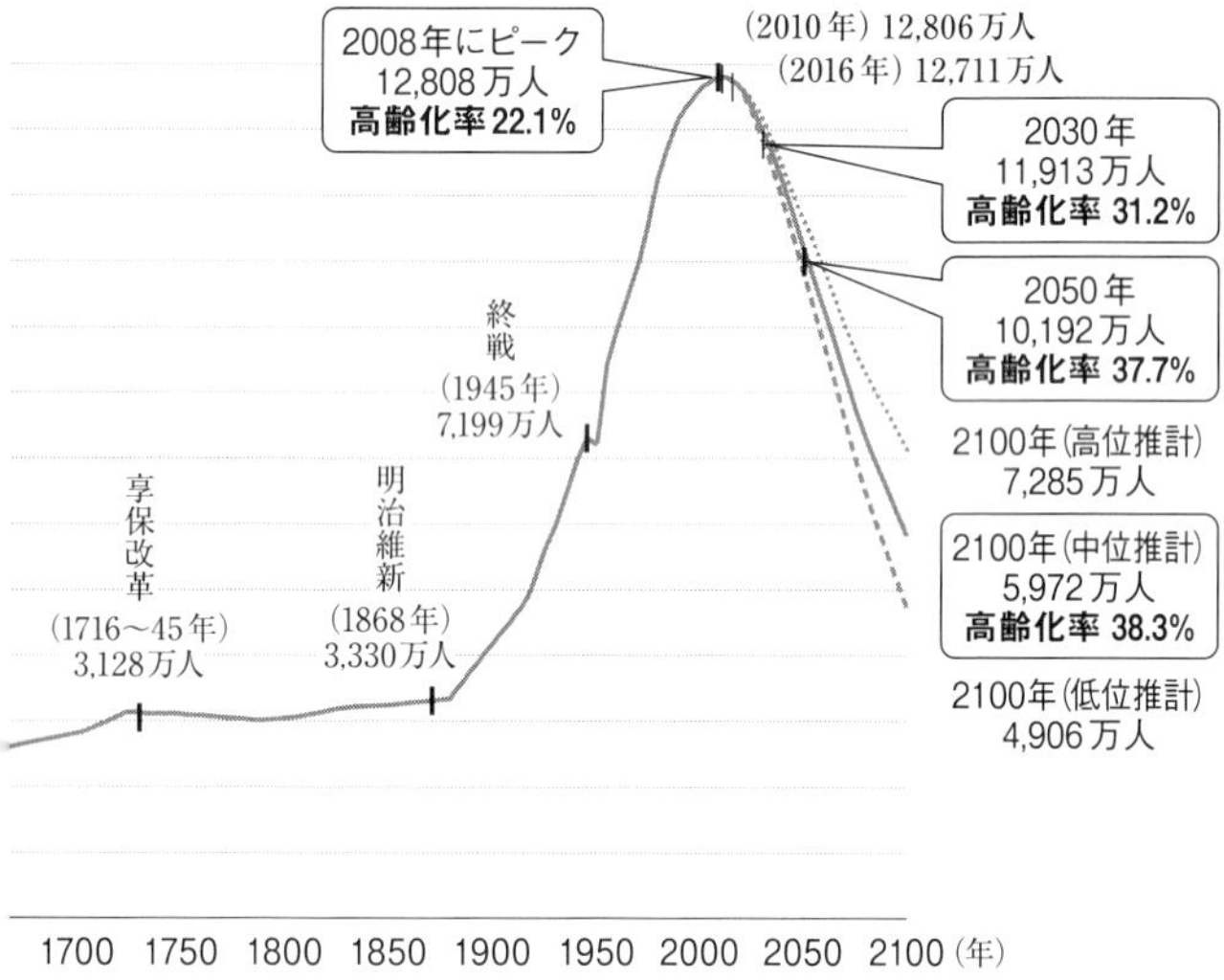

た。いま私たちが立っているのは、急上昇してきた登り坂の頂上をわずかに過ぎたあたり。これから先の凄まじい急降下を予感させる不気味な「静」の時間だ。この先には、目もくらむような断崖絶壁が待ち受けている。

２０１７年に発表された最新の予測では、人口減少のペースが若干弱まってはいるものの基調はほとんど変わっていない。国立社会保障・人口問題研究所は、出生率や死亡率の高低に応じて複数のパターンの予測値を発表している。真ん中の中位推計では、２０５３年には日本の人口は１億を切り、２０６５年には８８０８万人になるという。これから約50年間で実に３９０１万人の日本人が減少す

図P-1　我が国の人口の長期的推移（国土庁「日本列島における人口分布の長期時系列分析」、1974年）をもとに作成

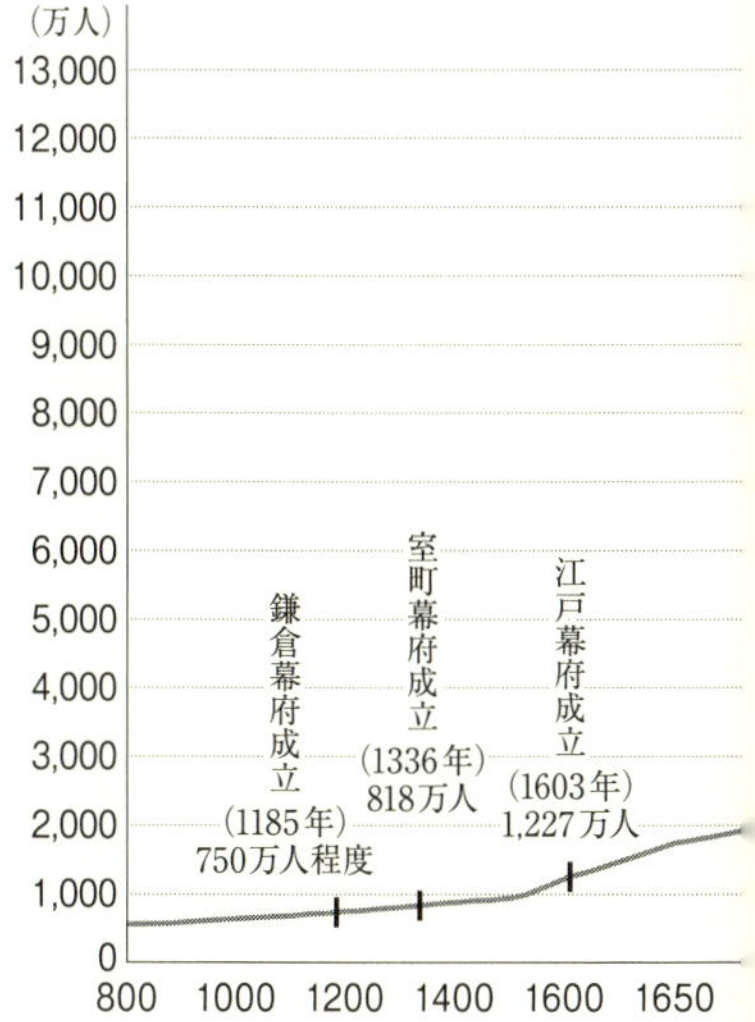

注：ただし、1920年からは、総務省「国勢調査報告」、「人口推計年報」、「平成17年及び22年国勢調査結果による補完推計人口」、国立社会保障・人口問題研究所「日本の将来推計人口（平成29年推計）」により追加

ることになる。

しかも、人口減少と並行して、急速な高齢化が進む。日本は既に15歳未満の人口割合は世界で最も低く、65歳以上の割合は世界で最も高い水準にあるが、これから８年後の２０２５年には、日本は５人に１人を75歳以上の後期高齢者が占める超高齢社会に突入する。

これらは国が想定する未来図であり極端な悲観論ではない。日本社会は、これから世界で誰も経験したことのないほどの凄まじい人口減少と高齢化を経験することになる。

国が示しているもう一つの未来図をご覧いただこう。時は２０５０年。２０２０年東京オリンピック・パラリンピック

の開催から30年が経った日本である。１キロメッシュで黒色に塗られている地点は、人が一人も住んでいない「無居住化地域」と呼ばれる場所である（図Ｐ－２）。

国土交通省の推計によると、２０１０年時点で人が住んでいた地点の約2割が２０５０年までにこうした無居住化地域になるという。このとき日本が直面する課題は、過疎地域の無人化というよりは、日本全体の過疎化とも言うべき事態である。推計によると、現在人が住んでいる地域の6割以上で人口が半数以下になるというのだから、驚くほかない。

こんなスポンジのようにスカスカになった日本では、どのような事が起きるのだろうか。戦後一貫して、地方から都市へと大量に人を吸い寄せ、富を生み出すことで全体として成長を続けてきた日本。東京や大阪などの大都市がいわば巨大なバキュームカーの役割を果たしてきたわけだが、吸い込むものがなくなれば、そのサイクルは崩壊する。

こうした、未来の日本が直面するであろう「人口減少」「高齢化」、そしてそれに伴う「財政難」にいち早く直面している地方自治体がある。２００６年に３５３億円の赤字を抱えて財政破綻した北海道・夕張市だ。

夕張では、破綻後、若年層の流出が加速し、過去10年間で人口の実に３割が減少した。その結果、住民の高齢化率は5割を超えた。夕張市の年齢構成を示す人口ピラミッドは、40年後の日本全体の人口ピラミッドに酷似しているという。夕張市は、「ミッションイン

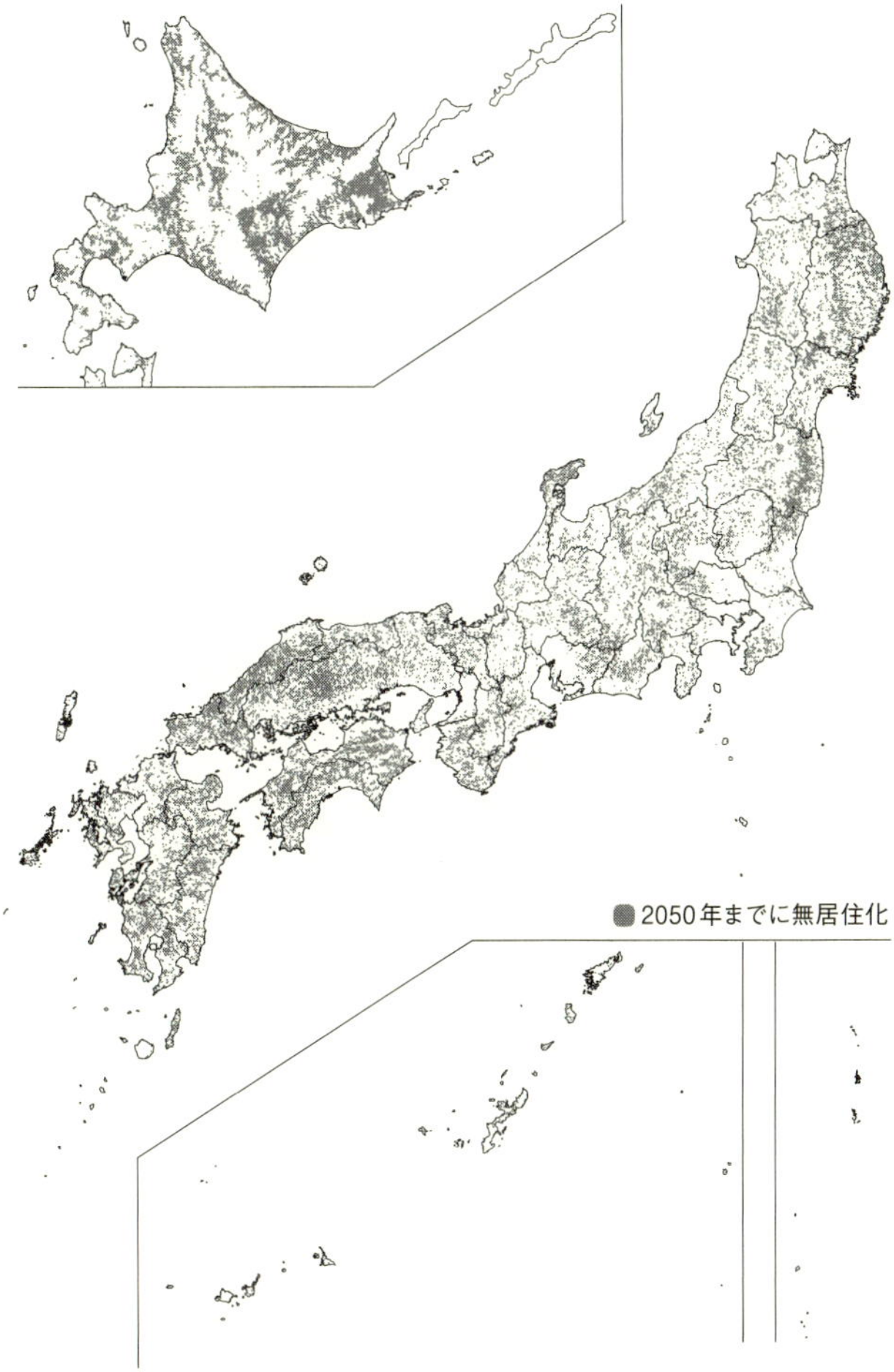

図P-2　人が誰も住んでいない無居住化地域
国土交通省による「国土のグランドデザイン2050」より

ポッシブル」と揶揄される過酷な借金の返済に追われ、住民サービスの前例のない切り詰めを余儀なくされている。

その夕張市には、全国から自治体や地方議員などの視察が絶えない。「行政サービスをどこまで切り詰められるのか?」「最低限の行政サービスとはどんなものなのか?」「公共施設の統廃合をどのように住民に納得してもらうのか?」。自治体の視察者たちの真剣な質問からは、並々ならぬ危機感が窺える。

「もしかしたら夕張の姿は、数十年後の日本の未来図かもしれない……」

NHK札幌放送局では、財政破綻当時から夕張市を継続的に取材してきた。破綻から10年を経たいま、行政や住民はどんな現実に直面し、格闘しているのか。今だからこそ顕在化してきた課題を徹底取材すれば、きっと夕張の特殊事情にとどまらず、日本全体へのヒントとなるはずだ。こう考え、『NHKスペシャル　縮小ニッポンの衝撃』の企画はスタートした。「人口減少」をテーマにした番組を制作することが明らかになると、広島・松江両局からも、過疎化の深刻な自治体で進む、集落の自発的な幕引きを番組化したいという要望があがっていた。さらに、一極集中で、地方から若年労働者を飲みこみ続けてきた東京圏でも、人口減少の前兆ともいえる異変が起きているという報告が寄せられた。

こうして、北海道、広島、松江、東京という、NHKの全国ネットワークを駆使した

『縮小ニッポンの衝撃』取材班が生まれた。
番組の制作にあたって、私たちが心がけたのが、全国の視聴者が肌身で人口減少社会の深刻な現実を実感できるリアルな現場を選ぶことだった。

「過疎」や「限界集落」の問題が叫ばれて久しく、NHKでも数々の番組を制作してきた。人口減少にまつわる書籍も世に溢れている。しかし、多くの人は、それが日本の一部の地域で起きていることで、自分自身に迫りくる切実な問題とは捉えられずにいるのではないか。一体、私たちの日常生活はどう変わるのか?

「縮小ニッポン」の未来図を見つめていくための舞台として私たちが選んだのが「地方自治体」である。日本国民としてどこに住んでいても一定以上のサービスの提供を受けることは、憲法で守られた私たちの権利だ。しかし、この当たり前のことが実現困難になっている。

いち早く人口が減少した自治体では税収の減少と住民の高齢化にともなう社会保障費の増大で財政が逼迫し、これまで提供してきた住民サービスの見直しを余儀なくされている。上下水道、ゴミ収集、学校、公共住宅、公民館や図書館など、これまで当たり前に提供されてきた公的サービスがある日突然停止される。そんな悪夢のような事態が、北海道・夕張市で現実のものになっている。取材班は、夕張市をはじめ、人口減少社会のひずみがいち早く現れた地方自治体と突然のサービス停止に戸惑う住民たちを各地で取材した。

こうした取材を基に、本書は次のように構成されている。

第1章の舞台は、日本の成長エンジン・東京である。2020年のオリンピック・パラリンピックを控え、建設ラッシュに沸くに沸く東京だが、2025年には人口が減少に転じることが予想されている。

すでに一部の自治体では〝異変〟が起きている。民間研究機関の「日本創成会議」(座長・増田寛也元総務相)が発表した「消滅可能性都市」のリストの中に、若者に人気の街、池袋を抱える豊島区の名前が挙がった。驚いた豊島区が子細にデータを検証したところ、衝撃的な事実が次々に浮かびあがってきた。

豊島区では、地方からの20代前半の若者の流入で右肩上がりに人口が増え続けてきたが、いま、流入者の年齢が上昇しているうえ、彼らの平均年収が大きく減少していたのだ。区の予測では、今後、新規の若者の流入は減り、かつて流入した世代が将来的に自治体の負担になる可能性があることがわかった。

第2章と第3章の舞台は、日本で唯一の財政再生団体である北海道夕張市。人口9000人を切った夕張市には、いまなお3400戸の公営住宅が残っている。市は、行政サービスの効率化を進めるため、老朽化した住宅を修繕せず、建物全体が空になることを促す「政策空屋」に着手した。「追い出し」とも取られかねない政策の遂行を余儀なくされる市職員と財政再建の陣頭指揮に立つ若き市長の苦悩を密着取材した。

第4章、第5章では地域の消滅に向き合い始めた過疎地の人々の姿を追った。人口減少に歯止めがかからず、高齢の住民による公共サービスの代行という大胆な政策をスタートした島根県・雲南市や益田市、集落生き残りのために住民自らが集団移転を検討し始めた京都府・京丹後市の取り組みを紹介する。

エピローグは2015年の国勢調査で、前回と比べて約1万2000人減と、首都圏の市町村のなかで最も多くの人口が減少した神奈川県・横須賀市。住民の急速な高齢化で、引き取り手のない遺骨が増え続けているという。長らく繁栄を享受してきた首都圏の郊外で始まった「死の一極集中」をレポートする。

本書のもととなったNHKスペシャル『縮小ニッポンの衝撃』(2016年9月25日放送)は、放送中からインターネット上を中心に取材班の予想をはるかに超える多くの反響があり、放送後も幅広い世代からNHKに意見が寄せられた。

●「真剣に涙しながら見た。人口減少で税収も減り、これからの非常に厳しい現実が包み隠さず伝えられた。もっと皆に知って欲しい」

●「私の住む関東も同じ状況。日本は海外でいい顔をしているが国内にこんなに厳しい現実がある。高度成長期に懸命に働いた人たちの苦労は何だったのか。国内の様々なギャップをさらに描いて欲しい」

●「日本が夕張になったらどうなるか。人口8000万人になった時どうか。さらにこの先の未来をシミュレーションして是非描いて欲しい。その時、行政は何のためにあるのか。地域で人がいなくなっても行政は残るのか……」

●「深く考えさせられた。今度は東京をモデルに人口減少をどうすれば止められるのか、国民的な議論を期待する」

絶望感に打ちひしがれた、悲鳴のような感想も相次いだが、その一方で「この現実から目を背けずに本気で向き合うしかない」という覚悟も少なからず見受けられた。

それは、私たちが取材先で出会った人々の矜持と重なる。彼らは投げ出したくなるような現実を直視し必死で答えを求めてもがき続けていた。それぞれの現場が私たちに突きつけるのは、この時代を生きていく上で求められる覚悟にほかならない。そして、その覚悟を共有して初めて、未来を描くことが可能になるのではないだろうか。

人口をできる限り維持しながら経済成長を続け、地方も創生していくというスローガンは耳触りは良いが、多くの日本人はその限界に気付き始めている。「人口急減社会」に対する漠然とした不安感が社会を覆っている。

番組が投げかけたのは、「日本社会は人口減少にどう折り合いをつけ、痛みを最小限にとどめていくのか」「どんな着地点を目指していくのか」、という問いだった。そこには安易な解決策や逃げ道などは存在しない。

私たちは再び問いかける。縮小ニッポンを不幸なニッポンにしないために、打つべき手はどこにあるのか。本書がその答えのない問いに向き合う一つのきっかけになってくれれば幸いである。

目　次

選択肢は他になし　各地に広がる住民組織／元祖「過疎の町」の集落が消滅寸前／160万円で自治を委ねられた地区　戸惑う住民たち／止まらない住民組織導入の動き　国も支援を強化／自分たちは「ゆでガエル」／集落消滅のタブーに向き合い始めた研究者／里山保護論の薄弱な根拠／縮小を直視する初のシンポジウム

エピローグ

東京郊外で始まった「死の一極集中」（神奈川県・横須賀市）

始まった〝東京〟の縮小／〝郊外〟が消える!?／東京の未来図・横須賀市で何が……／公共施設の大幅削減に着手／行く当てのない遺骨たち／東京・死の一極集中／縮小ニッポンの処方箋はあるのか？

第１章

東京を蝕む一極集中の未来

23区なのに消滅の危機
（東京都・豊島区）

２０２５年、東京も人口減少に

「えっ！　まさかと思いましたよ。うちの区の人口は右肩上がりを続けているのに、それがいきなり消滅するなんて……」

東京都豊島区の高野之夫《ゆきお》区長は、当時のことを振り返りながら、私たちにこう語った。インタビューをしていた区長室の窓外には、高層ビルが隙間なく林立している。その下には無数の人々が蟻のように忙しく行き来している。まさに東京の一極集中を象徴するような光景だ。

日本有数のターミナル・池袋駅を有し、およそ29万人を抱える豊島区。人口は、２０００年以降、順調に増え続けている。ところが、３年前、民間の研究機関「日本創成会議」（座長・増田寛也元総務相）から驚きの発表が出された。「消滅可能性都市」のリストの中に、豊島区の名前が挙げられたのだ。まったく予想もしていなかった「消滅」の2文字に、区は大きなショックを受けた。

２０１４年5月に発表された「消滅可能性都市」とは、少子化と人口減少が止まらず、将来存続が危ぶまれる自治体を指す。全国の49・8％にあたる８９６の市区町村が「消滅可能性都市」に挙げられた。選定の基準は、２０１０年から２０４０年までの30年間で、

東京23区の中で唯一「消滅可能性都市」に挙げられた豊島区の高野之夫区長は「何か間違いじゃないの、と思った」と驚きを隠さない（©NHK）

子どもを産み育てる中心的な世代である20～39歳の女性が5割以上減少することだ。5割以上減少すると、出生率がいくら上昇しても人口の維持が困難になるとされている。若者を中心に毎年2万人が流入する豊島区にいったい何が起こるのだろうか。

２０１６年2月に発表された国勢調査（２０１５年）では、全国の8割以上の自治体が人口減少に陥っている。それとは裏腹に、東京都、神奈川県、埼玉県、千葉県を合わせた人口は、過去最高の３６１３万人を記録し、世界最大の都市圏となっている。若い世代を中心に地方から東京へ人びとが押し寄せ、いわゆる一極集中が東京の一人勝ちを生み出している。

ところが、その東京さえも、安穏とはしていられない状況が予想されている。図１－１は、東京

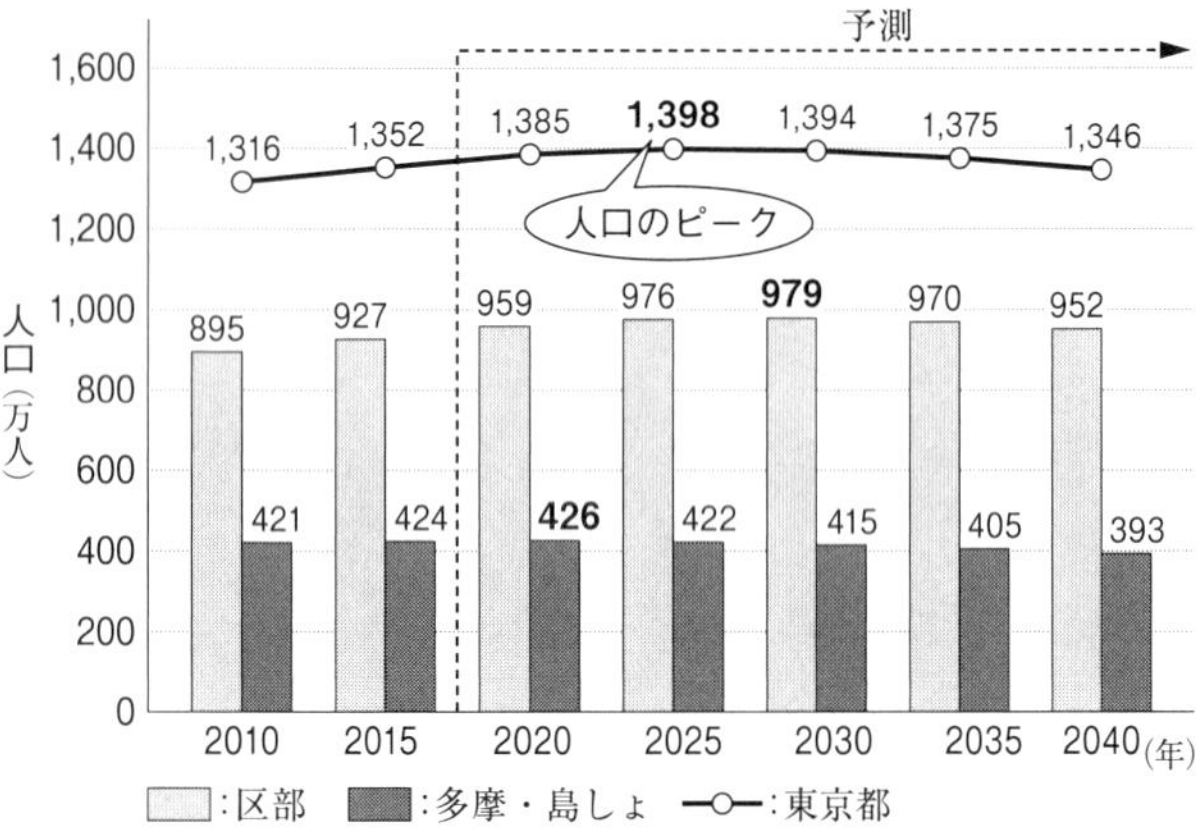

図1-1　東京都の人口の予測（東京都総務局）
「国勢調査」をもとに作成（2020年以降の人口は東京都政策企画局による推計）

都の人口の推移と今後の予測。戦後、人口は増え続け、２０１５年時点の人口は１３５２万人まで膨れ上がっている。しかし、東京都の試算によるとその人口は、東京オリンピック・パラリンピック後の２０２５年にピークを迎えたのち、減少に転じると予測されているのだ。東京23区でも11の区で、人口が減少すると見られている。そのリストを見てみると、豊島区ばかりでなく、新宿区や世田谷区、中野区なども例外ではないことがわかる。

いったい、なぜ、いまなお地方から大量の人口が流入している東京で、人口が減少していくのか。私たちは、「消滅可能性都市」と指摘された豊島区で起きている〝一極集中〟の中身を子細に見てみることにした。すると、これまでにない変化が起きていることがわかってきたのである。

豊島区が消滅!? 一極集中の真の姿

「消滅可能性都市」と名指しされ、豊島区はすぐに「持続発展都市推進本部」という緊急対策チームを立ち上げて、人口データの詳細な分析に着手した。すると、思いも寄らない課題が次々と浮かびあがってきた。

豊島区は10年以上にわたり、一貫して総人口が増加している。一見すると、順風満帆に見える状況の裏に、ある事実が埋もれていたことがわかってきた。

若者に人気の街、池袋を抱えているだけあって、豊島区には毎年2万人近い人が流入してきている。図1－2は人口増加の内訳のグラフだ。転入と転出による人口の増減を見ると、毎年2000〜6000人ずつ人口が増加してきたことがわかる。

しかし一方で、ほかの自治体から移動してきた人や区を出ていった人を除いた、「区内に住み続けている人」に絞って人口の増減を見てみると、全く逆の事実が見えてきた。亡くなった区民（死亡者数）と区内で新たに生まれた人（出生者数）を比較すると、死亡者の数が、出生者の数を上回り、人口が減っている状態が続いていたのだ。これは「自然減」

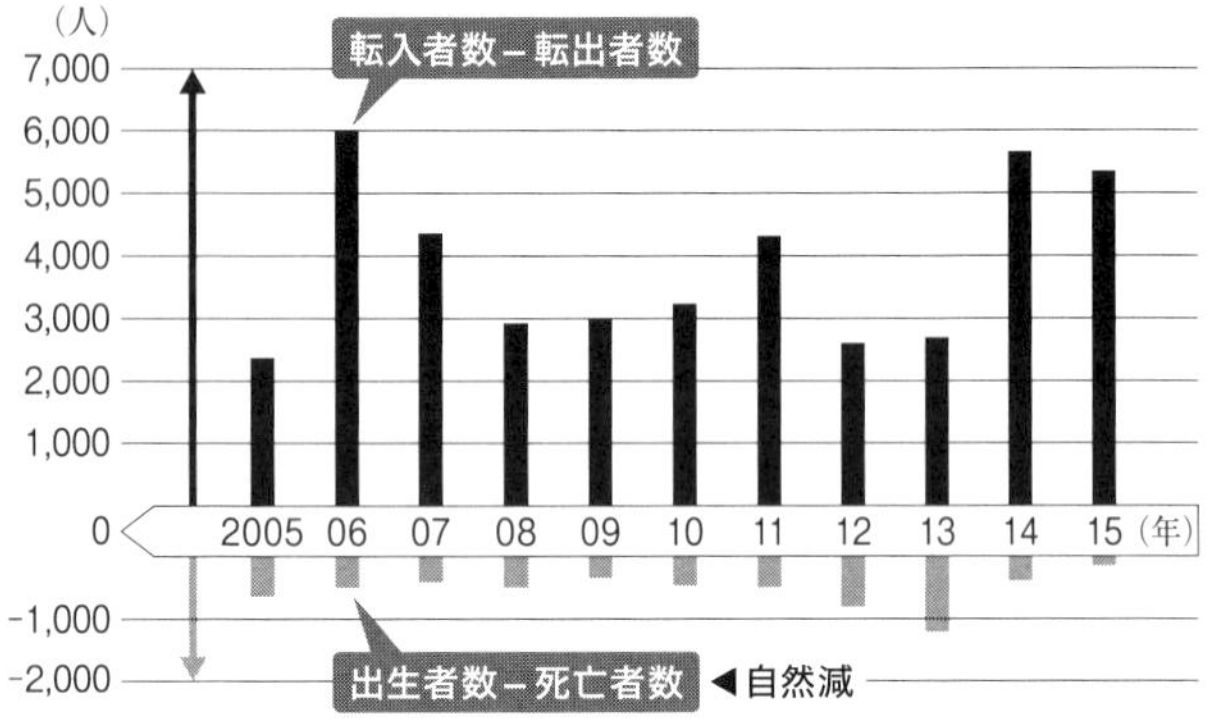

図1-2　豊島区の人口増減の内訳
豊島区の人口増加は転入者の増加によっておきたもので、もとからいた区民はむしろ減少している

と呼ばれる状態で、他の自治体からの人口移動がなければ、人口が自然に減っていくことを意味している。

実は、豊島区は、25年以上にわたりほぼ毎年、「自然減」の状態が続いていたのである。他の自治体からの流入がなければ、とうの昔に人口減少が始まっていたのだ。

高野区長は、こうした事実を「頭ではわかっていながら、これまで真剣に目を向けてこなかった……」と受け止めている。

「自然減」に陥っている大きな要因は、出生率の低さである。豊島区の一人の女性が生涯に何人の子どもを産むのかを推計した合計特殊出生率は全国平均１・４５（２０１５年）を大きく下回る１・００となっている。これは、23区でも最下位の出生率だ。

実は、豊島区の出生率は、この20年間、超低空飛行を続けている。もちろん、この間、区が何も手を打たなかったわけではない。他の自治体と比較して遜色がない子育て支援を打ち出すため、保育園の整備や不妊治療支援に取り組んできたのだが、結果として目立った効果は上がっておらず、出生率は改善してこなかったのだ。

23の特別区で初の消滅という不名誉な事態を避けるためにはどうしたらいいのか。豊島区持続発展都市推進本部は、さらに詳細な分析作業を進めた。

前述したように、「自然減」の状態が長年続いてきたにもかかわらず、総人口は増え続けるという一見矛盾する現象を支えたのは、他の自治体から移り住んでくる「転入者」だった。彼らが将来の豊島区の人口増減の鍵を握っていると考えた区は、その実態を初めて詳細に調査した。

図1－3は、転出入者の世帯構成を示したデータである。最も多かったのは単身世帯。転入した世帯の85％を占めている。さらに、この単身世帯の数を、転出と転入で比較してみると、4068世帯が転入超過になっていることがわかった。それは、豊島区の人口増加のほとんどを単身世帯が占めていることを示す数字だった。

次に、転入者を年齢ごとに分類すると（図1－4）、転入者の中で最も多かったのは、20代の若者たち。実に、転入した単身世帯の6割を占めている。

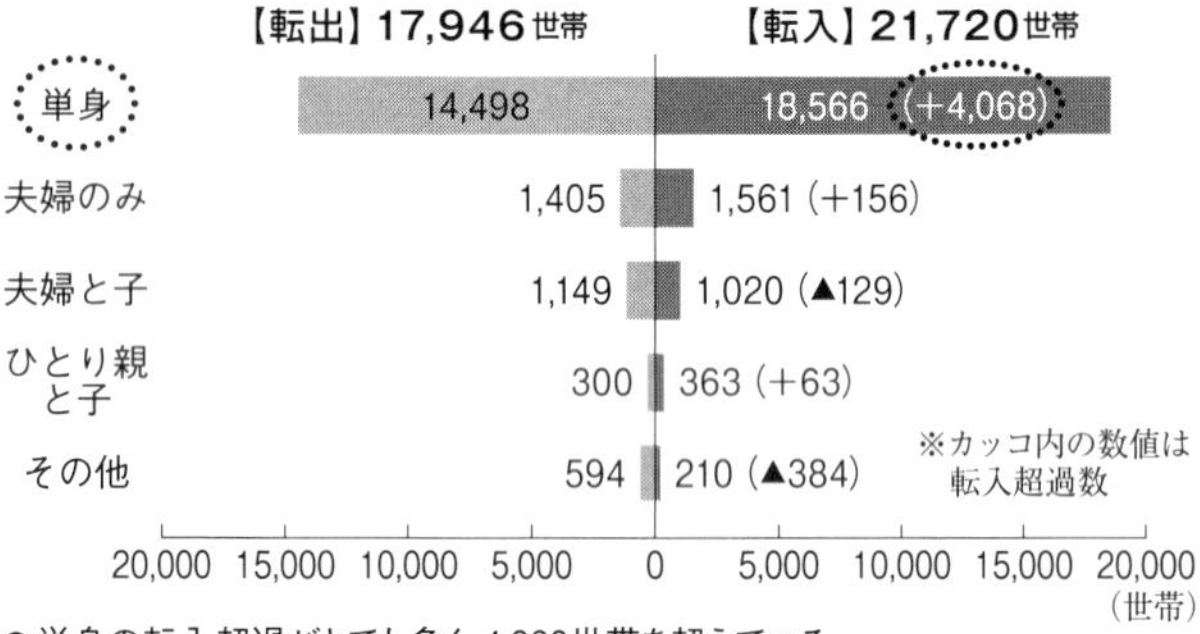

●単身の転入超過がとても多く、4,000世帯を超えている

図1-3　豊島区の世帯別転出入数の推移
(豊島区の平成27年住民基本台帳人口をもとに作成)

　これら2つのデータから、豊島区への転入者で最も多いのは「20代の単身者」で、彼らの動向が、区の人口構造に大きく影響していることが判明した。人口を「自然増」に転じる方策、それは「20代の単身者」が結婚し、区内で子どもをもうけてくれることだ。区はそう結論付けた。しかし、現実はそう簡単ではないことが明らかになっていくのである。

平均年収は241万円

「この年収で、家族を持つのは厳しいかもしれませんね……」

　パソコンを前に豊島区政策経営部企画課の高田秀和課長が唸り声をあげた。画面に映し出されたのは、豊島区外から新たに転入してきた人の平均年収だ。その中の「20代の単身者」の欄に目を移

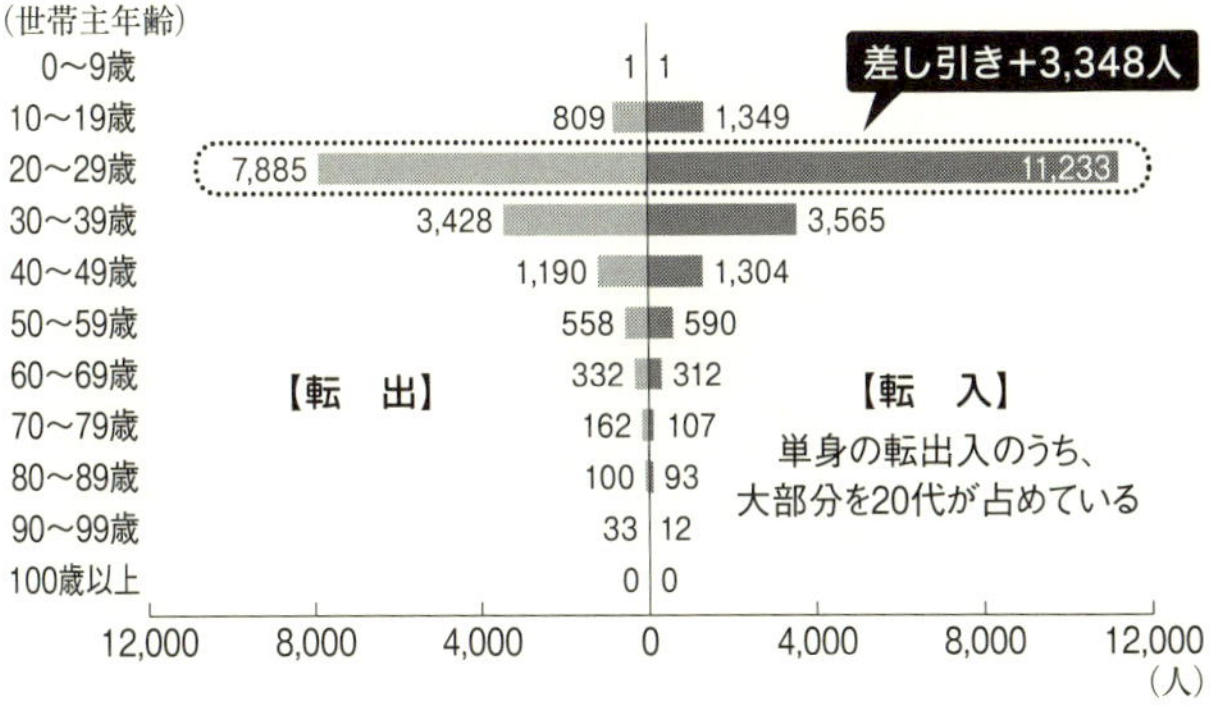

図1-4　豊島区で、転出入する単身世帯の年齢構成
(豊島区の平成27年住民基本台帳人口をもとに作成)

すと、２４１万円とあった。２０１５年時点で、従来から区内に住み続けてきた同年代と比較すると、40万円以上も低いことがわかったのである。

「あくまで一般論ですが、この年収だけでは結婚して子どもを育てることは困難でしょう。そのため、家庭を築くことを諦める方も多いと思われます」

高田課長は、地方から流入してくる若者が、本来望んでいたような仕事につくことができず、厳しい生活環境の中で一人で暮らしているのではないか、と懸念していた。もしこの見立てが正しいとすれば、こうした20代の若者たちは、将来にわたって単身者で居続ける可能性が高く、「日本創成会議」が予測したとおり、今後も出生率は低迷を続け、区の人口は落ち込んでいくことになる。

さらに、もうひとつの懸念は、区の財政に与える影響だった。これまで、地方から転入してくる

豊島区政策経営部企画課の高田秀和課長が見せてくれた転入者の年齢区分別年収。20代の単身者の世代別平均年収は241万円にとどまった（©NHK）

若い世代は、生産活動の中心を担っており、住民税を負担することで区の税収を支えてくれる頼もしい存在でもあった。多くの若者が転入してくることで、豊島区の財源は、地方に比べると、ゆとりを持つことができていた。

しかし、近年、豊島区に転入してくる若い世代は年収が２４０万円ほどしかないため、税負担の能力は低い。もし、非正規雇用に従事する人が多いとすれば、将来的にも、給与水準が上がらない可能性がある。もし、彼らが結婚し子どもをもうけることができなければ、税金の担い手となる次の世代につなぐこともできない。

さらにいえば、彼らが高齢化して働けなくなれば、住民税は大幅に減収となる。地方から流入した単身者のなかには経済的に困窮して、十分な蓄えのない人もいる。高齢になって病気になれば家計はたちまち行き詰まり、必然的に生活保護や医療・介護などの社会保障で区に頼らざるを得なくなる。これまで区の財政を支えてくれた若い世代が、一転、将来の区の負担になっていく可能性があるのだ。

将来、東京にとって重荷となりかねない、地方からの単身転入者たち。彼らははたしてどのような仕事をし、どのような暮らしを送っているのか。私たちはその現実を直視することで、「東京の一極集中」の真の姿をあぶり出そうと考えたのであった。

五輪開催に沸く東京の人手不足

2013年9月8日午前5時20分。日本中の人々がアルゼンチン・ブエノスアイレスからの中継映像を固唾をのんで見守っていた。

「TOKYO!」。国際オリンピック委員会のジャック・ロゲ会長が手元の紙を裏返し言葉を発した直後、日本代表団から歓喜の声が上がった。2020年の東京オリンピック・パラリンピックの開催が決定した瞬間だ。その2年前に東日本大震災という大惨禍を経験し、将来像をまったく描けなくなってしまった日本が再び立ち直る最大のチャンスになると誰の目にも映ったはずだ。

あれから4年、会場問題等でのゴタゴタはあったものの、東京オリンピック・パラリンピックに向けた準備は着実に進んでいる。JR千駄ヶ谷駅からほど近い、11万3000平方メートルの広大な敷地。ここに2020年東京オリンピック・パラリンピックの開会式が行われる新国立競技場が建設される。半年前には土も露わな状態だったのに、早くも競技場の基礎が出来つつある。建築家・隈研吾《くまけんご》氏設計の競技場の輪郭が少しずつではあるが、垣間見られるようになってきた。

ひっきりなしに大型ダンプが出入りする搬入口では、制服に身を固めた警備員が誘導している。建設現場には絶対に欠かせない存在だ。実は今、その警備員が集まらない、という深刻な人手不足に陥っている。東日本大震災の復興事業に加え、五輪開催が決まったことで、東京では都市再開発が加速。まさに「警備バブル」といった事態になっているのだ。

この「警備バブル」の状態は10年ほど前から始まり、平成28年度の警備員を含む保安業の有効求人倍率は東京では14倍を超えている。これは会社が14人の働き手を求めているのに対し、求職者は1人しかいないという計算になる。今、東京では警備員がいないために工事を始められない現場すらある、と嘆く業者さえいるという。空前の人手不足に苦しむ警備業界では、当然のように、地方から出てきた若者たちを確保しようと躍起になっている。

もしかしたら、警備業で働く若者を取材していけば、地方の現実や東京一極集中の真の姿に肉薄できるかもしれない。私たちはその可能性を求め、取材に応じてくれる都内の警備会社を見つけることにした。

地方からの若者に支えられる警備業界

しかし、取材は難航を極めた。従業員の出入りの激しい警備業界では、様々な事情を抱えて飛び込んでくる人が少なくない。働き手がほしい警備会社は、多少の問題には目をつぶって採用するケースが多く、個人的なことに話が及ぶ私たちの取材を警戒したのだろう。そうした中、私たちの苦況を救ってくれたのが、東京・新宿区にある警備会社だった。従業員はおよそ80人、新宿区や豊島区、渋谷区などの工事現場を中心に警備にあたっている。

２０１６年夏、私たちはこの会社が事務所にしている新宿区のアパートの一室を訪れた。「いらっしゃい」。缶コーヒーで出迎えてくれた社長は、短髪で下唇の厚い、いかにも親分肌という印象の40代の男性だった。

「本当に人手が足りないから、面接に来たら即採用ですよ」。社長は開口一番、自嘲気味にそう話し始めた。この2年間で仕事はおよそ4倍に膨れあがり、首都圏だけでは人手が賄《まかな》えなくなっているという。数年前は、働き手が20人程度だったこの会社は、警備の需要拡大に合わせて規模が大きくなり、今では80人程度の警備員を抱えるまでになった。この警備会社は、増え続ける仕事量に対応するべく、2年ほど前から「仕事を求めている地方の人たち」をターゲットにした採用方針を打ち出したことで、人材難の中、多くの人手を確保することができたという。

「〝日払い、寮付き、食事付き〟。この3つの条件さえあれば、必ず人は来ます」と社長は言った。3年前、この会社では寮を完備し、「寮付き」の文言を広告に載せるようにした。寮と言ってもマンションの一室を借りて、家賃を負担するというシステムにすぎない。「食事付き」という文言の中身は、レトルトのカレーが用意してあることと、お米があるということを指していた。待遇の条件を少し変えただけにもかかわらず、入社希望の電話が鳴り止まなくなったという。

警備会社に仕事を求めてくる人の多くは、地方から出てきたものの仕事がなく、貯金も尽きて助けを求めてきた若者たちだった。寝泊まりする場所と、日給7500円（夜勤なら8500円）という日払いの給料。それを求めてきた地方出身者たちを次々に採用していくことで、会社の規模は大きくなってきた。今、この会社の警備員のおよそ8割が、地方出身者だ。応募してきた人たちの履歴書を見ると、沖縄、福岡、三重、富山、青森、札幌など、全国各地の地名が並ぶ。

「これを見てください」と言って、社長が携帯電話を取り出した。仕事を求めて警備会社

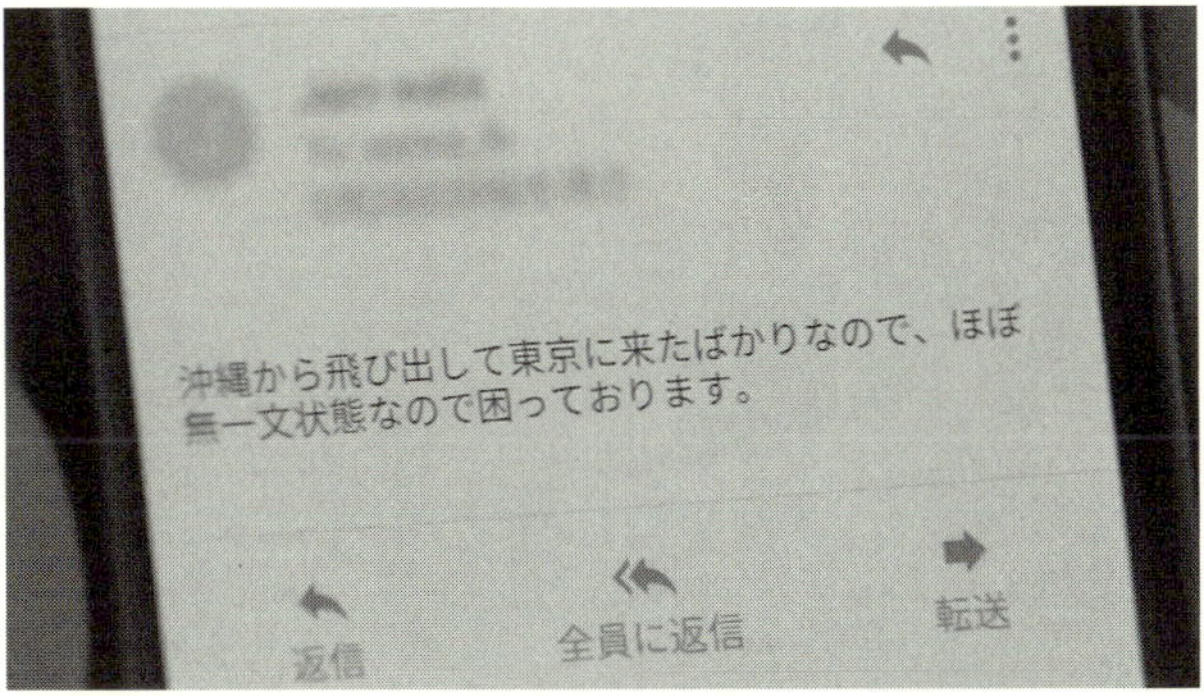

警備会社社長宛に届いた沖縄県の若者からのメール（©NHK）

に集まってくる若者たちが置かれている状況を表すものを見せたいという。画面に表示されたのは一通のメールだった。「沖縄から飛び出して東京に来たばかりなので、ほぼ無一文状態で困っております」。こうした連絡が週に2度や3度はあるという。事務所の壁には、面接の予定を書いたメモがずらりと貼られている。その多くが、生活に行き詰まって助けを求めて訪れる地方出身者の若者なのだと言った。

警備会社の寮のひとつが、新宿の高層ビルが立ち並ぶ繁華街のすぐ近くのマンションの一室にあった。ドアを開けると、部屋の中には、高校の運動部の部室のような汗臭さと、たばこの臭いが入り交じった独特の臭いが充満していた。そこで、20代前半から30代半ばまでの4人の若者が生活していた。6畳一間の部屋に2段ベッドが2つ置かれ、それぞれのベッドには、テントのようなものが張られ、外か

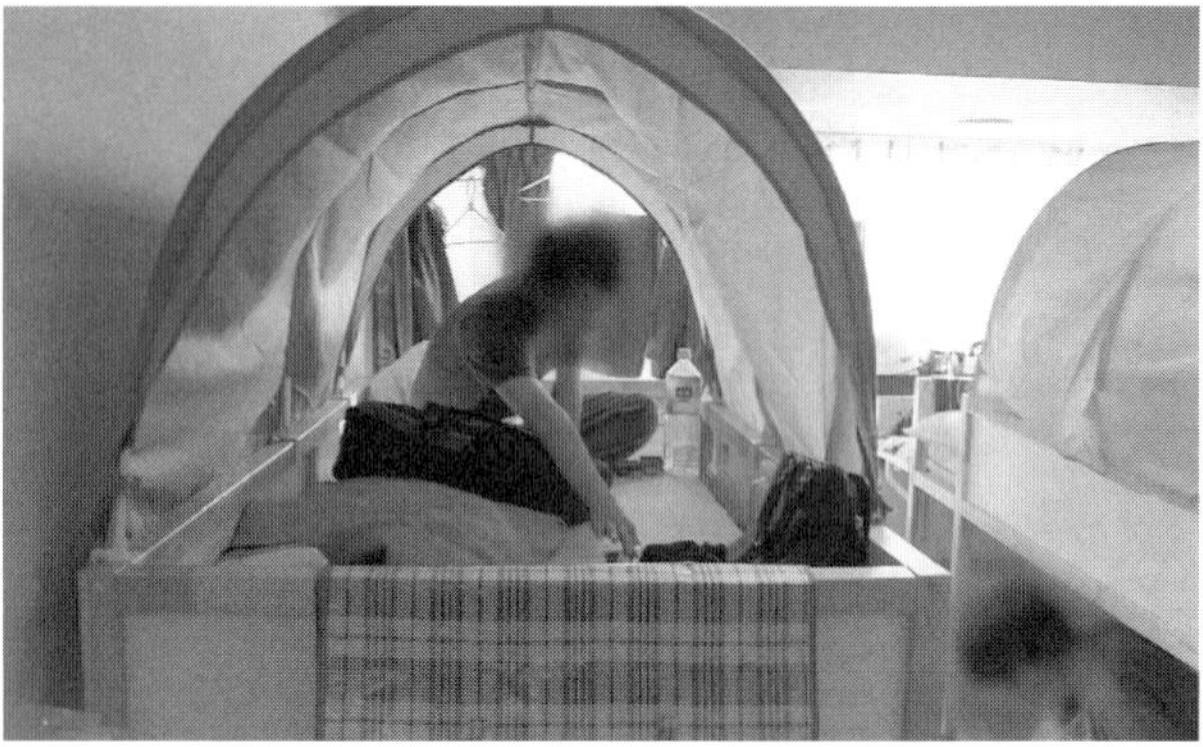

プライバシーを確保するためにテントのようなものを張った2段ベッド（©NHK）

らは見えないように手が加えられていた。どうやら自分たちで取り付けたものらしい。「プライバシーを守るためじゃないですか」と社長は苦笑しながら説明してくれた。

住んでいる若者たちに出身地を尋ねると、静岡、名古屋、新潟、沖縄。夜勤明けのけだるそうな表情をしながらも、気さくに答えてくれた。彼らが地方から東京に出てきて手に入れたのは、テントの張られた寝台列車のようなベッド、そしてそこにしかプライベートな空間がない生活だった。

ちょうど、私たちが新宿にある寮を訪ねた日に、入寮した若者がいた。地元から出てくる際に買ってきたという「うなぎパイ」を同じ部屋で暮らすことになる同僚たちに配っていた。わずか6畳一間ながら、まるで、隣近所にあいさつするかのように、ベッドを挟んで「静岡から出てきた○○です、お世話になります」とあいさつをし合う様子は、なんとも不思議な光景だった。この若者は25歳。静岡で就職活動を繰り返したがうまくいかず、東京での就職を目指して上京。就職活動のつなぎとして警備会社に入ったという。この新宿寮に暮らしていた他の3人も、それぞれ個別の事情はあるものの、地元で職を失い、仕事を求めて上京したという点は、みな共通していた。

「東京」以外に選択肢はなかった

なぜ、生まれ育った町を出て、東京に来たのか。私たちは警備会社で働く若者、一人ひとりに話を聞くことにした。最初に会ったのは、「沖縄から飛び出して、東京に来たばかりなので、ほぼ無一文状態で困っております」というメールを社長に送った男性だった。沖縄出身のAさん、31歳。彼もまた、会社の用意した寮で生活していた。板橋区にある3DKのアパートで4人暮らし。アパートの一部屋の3畳間が彼のスペースだった。家具はなく、わずかな洋服と、布団が敷かれているだけの部屋は、とても殺風景だ。穏やかな口調で、決して押しの強いタイプではない印象のAさんは、どうして、このような状況に陥ったのか、私たちに話してくれた。

Aさんは、地元・沖縄の大学を卒業後、IT関連の会社に正社員として就職したという。彼の携帯電話には、多くの同期社員と撮影した入社式の写真や、社員旅行で海に行ったときの写真などが残されていた。事情を知らずに見ると、どの写真も希望を抱きながら働いていたように見える。しかし、実際のところは、Aさんは、長時間労働と低い賃金に苦しんでいたと打ち明けてくれた。「一日12時間以上の労働は当たり前で、日によっては朝まで働いていた。一日中仕事をしている感じだった。それでも月収は14万円。休みもなく、自分の時間もない。いったい何のために働いているのか、わからなくなった」

5年以上働いたものの体調を崩したことをきっかけに、30歳のとき、退職を決意。再就職を目指したという。「同じような条件なら、やめた意味がない」、そして「今度の仕事では、自分のやりたいことをしたい」。人生の再スタートを前に、いろいろなことを考え、理想を思い描いたと語った。ただ結果的には、沖縄で仕事を見つけることはできなかった。自分の適性にあっていると思われる仕事は少なく、あったとしても以前と同じような条件か、それにも満たないような仕事しか見つからなかったという。

「東京に行けば、何か仕事はあるだろう。全てリセットしたい」。そうした希望を抱いてAさんは、衣類を詰めたカバン1つだけを持って、上京したのだった。「東京で働いていた知り合いから話を聞くと、沖縄より金銭面や職種の幅などの条件全てが良さそうだった。沖縄がどん底だったので、それより悪くなることはないだろう」と思っていた。東京に来たAさんは、ネットカフェに泊まりながら、職を探すことにした。だが、望むような仕事は東京でも見つけることができなかった。自分が抱いていた希望が叶う就職先を探す日々が2ヵ月近く続いた頃、所持金が底を突き、生活がどうにもならなくなった。そんなとき、ネットで見つけた「日払い、寮付き、食事付き」に助けを求めたのだった。それが、社長が私たちに見せてくれたメールだった。警備会社の社長にメールを送ったときは、路上生活に転落し、食うや食わずの状態に陥ってしまっていた。

今、Aさんは、日給7500円の仕事をしながら、その日暮らしをしている。食事は、コンビニ弁当かカップラーメン。部屋の床に座って食べる姿からは、沖縄にいた頃に撮った写真のようなかつての覇気は感じられなかった。それでも後悔はなく、地元に帰るつもりはないと断言している。沖縄に帰っても仕事が見つけられず、同じ状況か、それ以下に陥ってしまうと考えているからだという。しばらくは、この警備会社に身を置きながら、生活を立て直す方法を考えたいと語っていた。今の目標は、東京で正社員の仕事を見つけることなのだという。

今回、数十人の警備員に話を聞くことができた。多くの人に共通していたのは、Aさんのように、「地元に思うような仕事がないから」という理由で東京を目指してきたという点だ。彼らは、最初の就職先を辞めた後、立ち直るきっかけを求めていたが、その方法が地元にはなかったのだ。心機一転、自分の置かれた状況を変えたいという思いで向かった先が、「東京」だった。それ以外に選択肢がなかったように、私たちには聞こえた。もう一つ、私たちの心に残ったのは、「この先も、ここに留まるつもりだ」という若者たちの声が、意外にも多かったことだ。

この会社の寮で暮らす新潟出身の37歳のBさんは、20代のころ、地元で運送会社やパチンコ店などを転々としていたという。東京に出てくる前の最後の仕事は、長距離トラックの運転手だった。正社員として働き、月給はいいときで30万円程度、ほとんど休みも自由な時間もなかったが、生活には困らなかった。しかし、２０１２年に関越道で起きた高速バス事故の後、規制が強化されたあおりを受け、給料は半分近くに減ってしまったため、生活も厳しくなったという。Bさんは、次第に、東京に来ればもっといい条件の仕事があり自由な時間も作れるのではないか、と考えるようになっていき、退職を決意したのだった。そして、20万円の貯金を持って3年前、東京に出てきた。

しかし、新潟で働いているときに思い描いていたような、「給料のいい、それでいて自由な時間を持てる仕事」は、東京でも見つからなかった。30歳を過ぎていたBさんにとって、正社員として再就職することは困難だった。ネットカフェを渡り歩くうちにすぐに金は尽き、野宿することも少なくない生活に陥っていった。寮付きの仕事ならどこでもい

警備会社はあくまでも通過点のつもりだったというBさん（写真©NHK）

い。そんな求人を探すうちにこの会社を見つけ、転がり込んだのだと話してくれた。

今は、夜の9時から朝の5時まで働いて日給8500円。昼間は寝て、夕方に起き出す生活で、休日も特に遊びに行くこともないという。「これまでずっと、本音では警備なんて通過点だと思ってたんですけどね。なんか、いつの間にか長くなってしまって、抜け出せないでいる」と、悲愴感もなく、さばさばと話すBさんだが、ここに勤め始めて、3年が経とうとしている。Bさんの思いとは裏腹に、時間だけが過ぎていってしまっているのだった。

東京で思い描いた生活は、決して実現できているわけではないが、それでも仕事もなく、家族も亡くなった地元に帰るつもりはないという。結婚について尋ねると、「今の生活では無理だし、そもそも自由な時間がなくなる」と、興味がないのか、あきらめたのか、今はまったく考えていないと話していた。「まあ、しばらくはこの会社でもいいし、別に居心地は悪くないからね。ここに留まりながら、日々すごしていければいいかな」。そう言ってBさんは夜の雑踏の中、警備をする工事現場へと向かっていった。

始まった〝ネガティブ集中〟

地方から上京し警備業に流れ着く若者たちの例は、すべての職種に当てはまる事情ではないかもしれない。しかし、たとえ東京に出てきても、本人が望む職種に就ける保証はないのが現実なのだ。厚生労働省の「職業安定業務統計」(平成28年度調べ)によると、求職者の36%が事務職を希望しているのに対し、実際に求人があったのは3分の1足らずの11%しかない。一方で人手を求めているのは、飲食や介護といったサービス業(29%)、建設・輸送・保安・清掃業など(18%)が多く、合わせて全体の半数近くを占めている。いわゆるミスマッチが起きているのだ。しかも正社員を希望しても、非正規雇用の口が多い。つまり、上京したとしても、厳しい生活を強いられるのは、警備業に限らないのである。

日本では戦後、地方から東京への一極集中は、大きく分けて、3回起きている。1回目は「高度経済成長期」、2回目は「バブル期」、そして3回目は「2000年以降」である。

このうち、高度経済成長期とバブル期の人口集中を招いた共通点は、〝好景気〟だった。過去2回の東京への人口集中は、「地方よりも東京の方が多くの仕事がある」「より条件のいい仕事に就くことが出来る」などといったポジティブ（積極的）な理由で、多くの人々が地方から移り住むことによって引き起こされた。

好景気に支えられた東京には、移り住んできた人々を受け入れるだけの潤沢な雇用の供給があった。地方の若者たちは都会で正社員として就職し、子どもや配偶者を養う十分な収入を得た。彼らの多くは、東京圏（東京・神奈川・埼玉・千葉）に住宅を構え、地元に帰ることなく、子育てまで行うことができた。

ところが、2000年以降に始まった一極集中は、過去の2回とは異質なものだった。国立社会保障・人口問題研究所の小池司朗室長は、こう分析する。

「3回目の人口集中は必ずしも好景気に伴うものではありません。就職氷河期と呼ばれる状況が続く中で、地方で仕事に就くことが出来なかった若者たちが、東京に出てきて職を求める流れが起きた。その結果、都市部に大量の人口流入が起きたのです」

つまり、過去2回は「東京へ行けば生活が良くなる」という動機だったのに対し、今回は「地方から逃げ出す」というような〝ネガティブ（消極的）な集中〟だと言うのだ。

こうしたネガティブ集中が進んだとき、将来東京を始めとした都市部はどうなってしまうのか。

注目すべきは、都市部に流入してくる人々の世代の著しい変化だ。１９９０年の人口集中では、東京圏に集まってきていたのは、20代の若者が中心で、およそ半数を占めていた。ところが、２０１０年の内訳を見てみると、20代が占める割合は38％に低下し、その一方で30～40代が増加。つまり、新卒世代から、一度就職したとみられる世代へと変わってきているのだ。

これまで東京圏の人口増加の最大の要因となってきたのは、地方から転入してくる20代の若者であった。しかし、実はその数が、著しく減っている。回答率に差があるため単純比較はできないものの、国勢調査の転入者数を過去と比較してみると、１９９０年には、東京圏へ流入してくる20代は86万人もいたが、20年後の２０１０年には46万人とほぼ半減した。

流入人口の世代構成の変化は、今後東京圏の自治体運営に重大な影響を与えるとみられている。

図１－５は、２０１５年時点の東京都に住む人の年齢構成を表した「人口ピラミッド」である。いわゆる「クリスマスツリー型」になっている。19歳以下の人口がそれぞれ30万人以下で細くなっているのに対して、20～44歳の人口は30万台後半～50万台後半と大きく

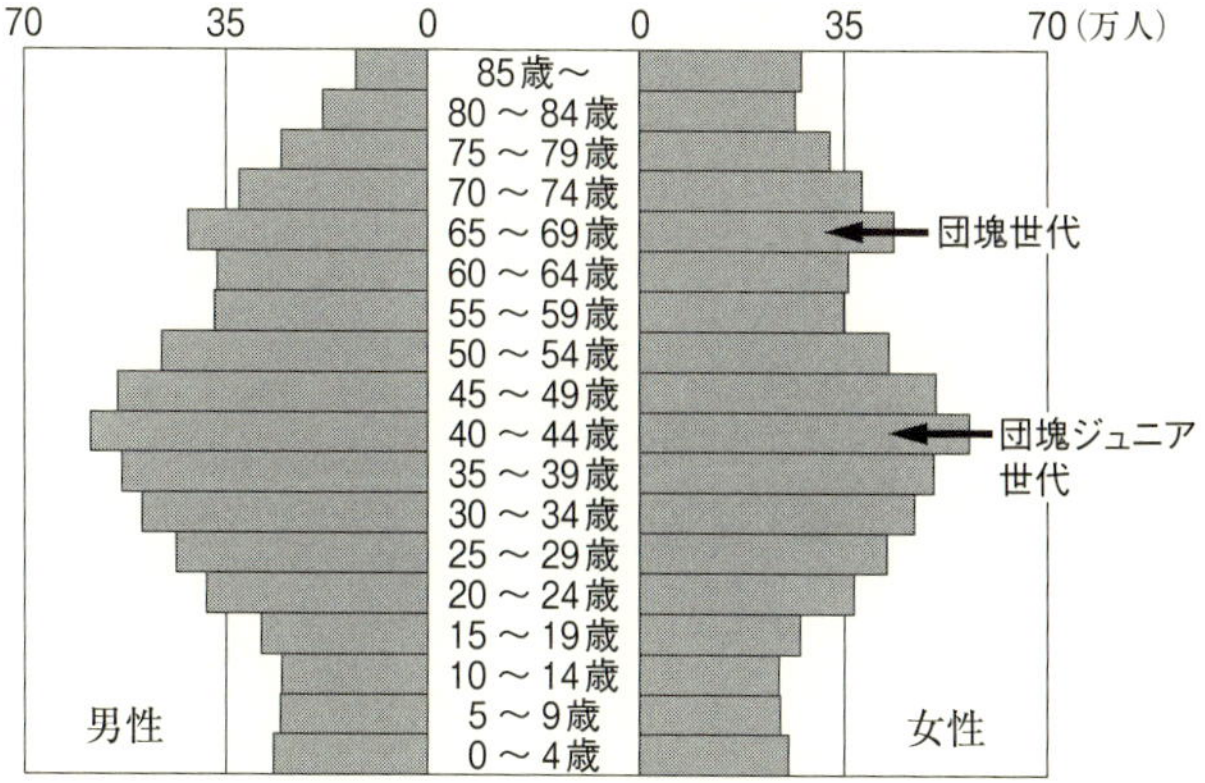

図1-5　東京都の人口ピラミッド（2015年）
出典：国勢調査（総務省）をもとに東京都が作成

膨らんでいることがわかる。

実は、地方自治体の財政を考えたときには、このようなツリー型の人口ピラミッドは理想的な形である。社会において主な働き手となる「生産年齢人口」が多くなっているため、その分、税収は多く得られる一方で、子どもが少ないため、子育てなどの福祉にかかるお金は比較的少なく収まるからだ。実際、東京都は47都道府県の中で、財政状態が最も良好で、唯一、国から地方交付税交付金を受け取らずにすんでいる。東京都がこのように健全な財政を維持できた背景には、こうした特殊な人口構成が貢献していることは、意外に知られていない。

これまで、東京は地方から働き盛りの若者を取り込むことで、膨張を続けてきたが、今

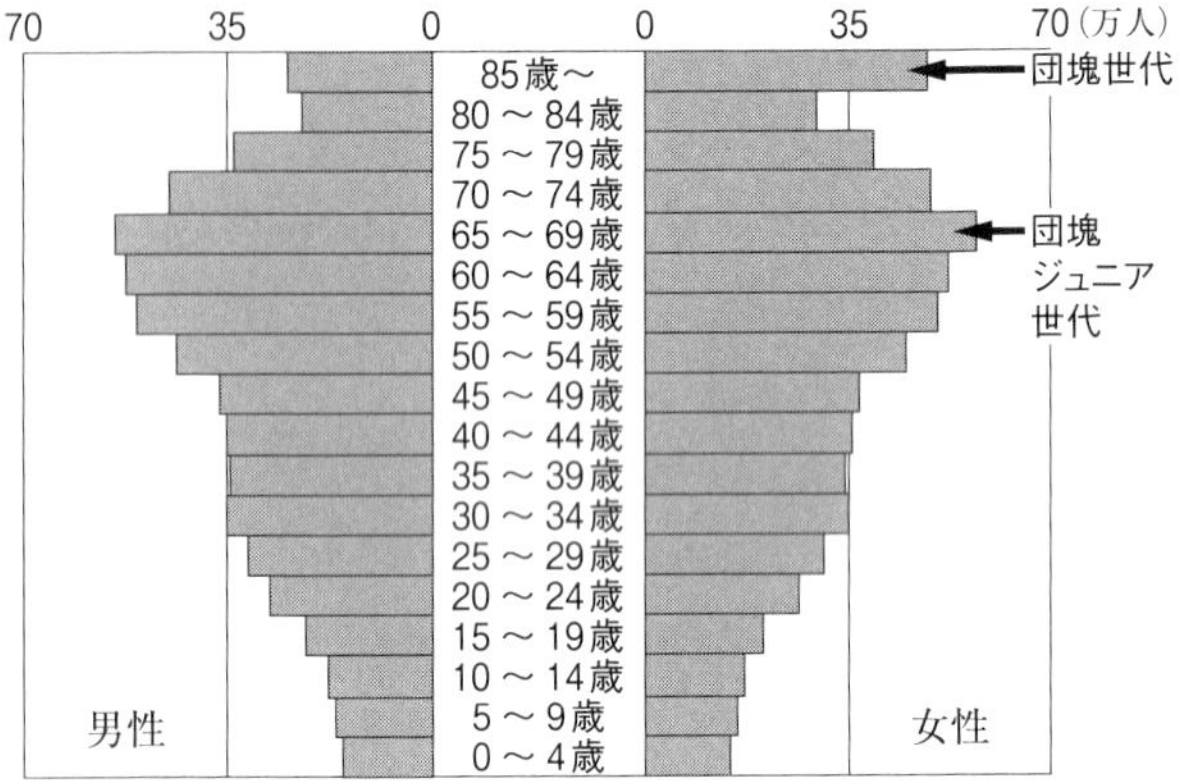

図1-6　東京都の人口ピラミッド（2040年）
出典：国勢調査（総務省）をもとにした東京都政策企画局による推計

後は、地方から上京する若者が少なくなり、「生産年齢人口」が急速に減少していくと予想されている。図1－6は、2040年の東京都の人口ピラミッドの予測図だ。ずんぐりと膨らんでいた20～44歳の人口は随分と細くなり、10代以下の若い世代はさらに細くなっている。老年人口が極端に多く、ピラミッドを支える土台が細い不安定なツボ型が2040年の東京の姿だ。いつ崩れてもおかしくない不安定な社会、それが東京の将来の姿なのだ。

このままでは東京も地方も共倒れ

その危機感を先んじて痛感したのが、「消滅可能性都市」に挙げられ、緊急対策チームを立ち上げた豊島区だ。

高野之夫区長は、チームによってはじき出

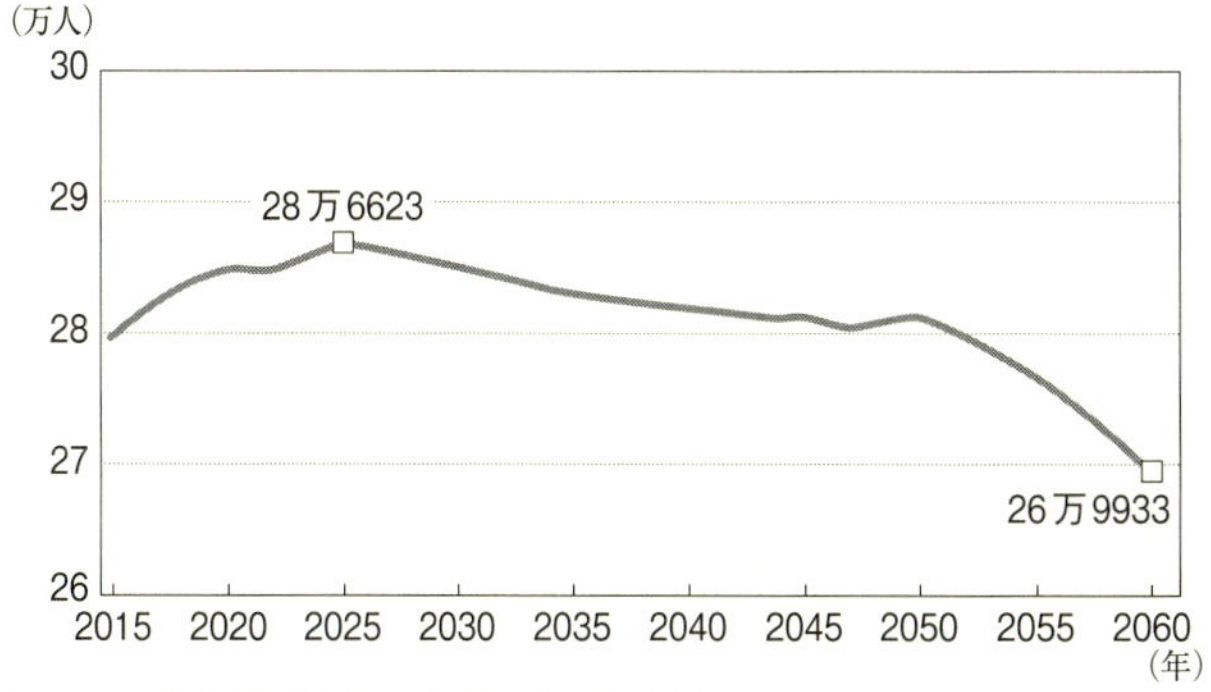

図1-7　豊島区が予測した区の人口の推移

されたひとつのシミュレーションを苦しげな面持ちで見つめていた。

「このまま何もしなかったら、財政が破綻し、本当に消滅するかもしれませんね……」

豊島区には毎年2万人の若者たちが入ってきているが、日本全体が人口減少局面に転じていることから、今後確実にその数は減っていくと予測した。その影響がどう財政面に表れるのか、２０６０年までの区の将来展望を独自に試算した。結果は厳しいものだった。

豊島区の総人口の推移をシミュレートしたのが図１－７だ。豊島区の人口は２０２５年をピークに、その後、２０６０年までなだらかに減少していくことがわかった。これまで右肩上がりに人口が増えてきた豊島区にとって、10年以内に人口が減少しはじめるという予測はショッキングなものだった。

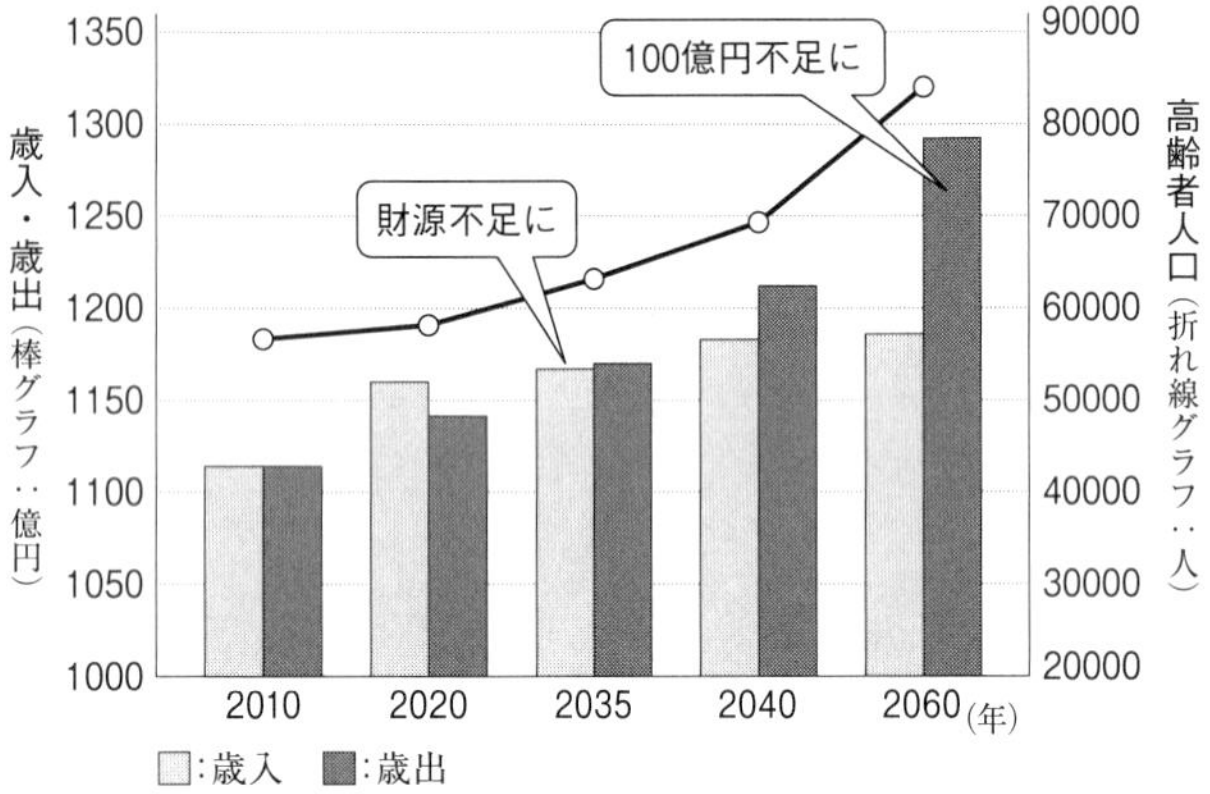

図1-8　豊島区の財政収支と65歳以上の高齢者人口の将来予測

区は、人口の増減だけでなく年齢構成の変化も加味し、税収を予測した（現行の税制度や経済状況が継続すると仮定して計算）。すると、人口の変化とほぼ同様に推移し、２０２７年に税収のピークを迎え、その後、減っていくことが分かった。税負担能力の高い50代以下が減少し、60歳以上が増加することが要因だ。２０６０年には、60歳以上の人口が今より4割増加する一方で、50代以下の人口はおよそ1割減少する。

人口構造の変化は、長期財政収支にも大きな影響を与える。将来の人口推計に基づき、社会保障費などに反映させた結果が図１－８のグラフだ。急速に進む高齢化のあおりを受け、２０３５年には、社会保障費が今よりも48億円増加。一方で税収は減少の一途をたどるため、この年には歳出が歳入を上回ることがわかった。

そして、シミュレーションの最終年にあたる2060年には、100億円以上の財源不足が生じるという試算結果が示されたのだ。

豊島区の高野区長は、私たちのインタビューに神妙な顔でこう語った。

「今の財政の規模の中で100億円なくなると、区民サービスを相当カットしなければいけないし、大変な行政改革を断行しなければ立ちゆかなくなる。そもそも、そんなことができるのか。地方から若者が入ってきてくれたおかげで、これまで成り立ってきた。しかし、このまま地方が衰退してしまえば、東京も共倒れになることは間違いありません」

東京に忍び寄る〝単身高齢化〟

地方の若者たちをブラックホールのように吸い上げることで、繁栄を生み出してきた東京。しかし、地方からの流入は確実に減っていく。一方で、より深刻な状況を生み出す問題がすでに始まっている。「住民の高齢化」だ。かつて高度経済成長期に東京へと集まってきた人々が一斉に高齢世代にさしかかっているのだ。東京圏（東京・神奈川・埼玉・千葉）にいる高齢者は、724万人（2010年時点）、全国の高齢者の約25％、4人に1人を占めている。今後2020年にかけてその数は、930万人になるとも予想されている。75歳以上の後期高齢者に絞ると、さらに顕著になる。388万人（2015年）が東京圏に集中しているのだ。そして、２０２５年には５７２万人になり、その増加数は実に全国の３分の１を占める。

こうした高齢者の集中は、近い将来、東京に様々なひずみをもたらす可能性がある。介護施設に入ることが出来ない「待機老人」の劇的な増加、介護を受けたくても受けられない「介護難民」の出現、それに伴う「介護離職」の増加、医療機関の受け入れが困難になる「医療難民」……。これから7～8年という短期間に、解決困難な問題が一気に顕在化すると、社会保障の専門家や医療関係者は指摘している。

さらに、東京の将来をより深刻にすると思われているのが、「単身者」の増加だ。２０１５年の国勢調査によると東京都では、夫婦と子どもからなる世帯は23・４％、夫婦のみの世帯が17％なのに対し、一人暮らしが47・３％とほぼ半数を占めている。今や、一人暮らしが標準世帯となっていることがわかる。

これまで日本は、「家族」を単位に行政サービスの基本を作ってきた。たとえば、老後の介護や看取りは、「家族」を手助けする前提で自治体がサービスを施す。ところが、東京ではすでに単身化が進み、これまでのサービスの形では立ちゆかないというほころびが現れ始めている。

全世帯のうち、６割を一人暮らしが占める豊島区。高齢者世帯に占める単身世帯の割合

＝単身高齢化率は32％と全国平均の2倍。区の保健福祉部に話をきくと、単身高齢者が増え続けている現状に不安を抱いていた。たとえば、受給者のおよそ半数を単身高齢者が占める生活保護。単身高齢者が増えるに従い、増加傾向にあり、ここ10年で倍増。年間150億円かかっている。病気をきっかけに保護を申請する人が圧倒的に多く、医療費が特にかさんでいるという。また、家族がいない人が入院した場合、区が身元引き受けを代行したり、施設探し、不動産屋からのクレーム対応、日常生活のサポートなど、〝家族代わり〟とも言える業務が頻発しているという。もちろん亡くなった場合には、病院からの遺体の引き取り、遺族探しなども担わなければならない。

さらに負担が大きいのが、高齢者に介護サービスを提供している現場だ。豊島区の中でも、最も単身高齢化率が高い東長崎地区では、高齢者世帯のうち4割が単身となっている。戦後すぐに宅地開発が始まり、駅周辺には古い木造住宅が隙間なく立ち並ぶ地区だ。この地区を担当する介護事業所では、ケアマネージャーが、身寄りのない高齢者のお世話を担わざるを得なくなっている。例えば、銀行までの付き添い、遺失物の捜索、役所の手続き、届いた郵便物の仕分け、電球の交換などの高所作業まで、〝ちょっとしたこと〟のために電話がかかってくるという。これらは、わざわざ介護サービスをつけてお願いするまでもないとか、限られた介護サービスの持ち点の中では足りないのでといった理由でやむを得ずその高齢者の担当であるケアマネージャーが引き受けている〝グレー〟なサービスとなっていた。サービス外だからと言って切り捨てることは難しく、現場のケアマネージャーの疲弊が目に付くようになってきた。中でも、真面目なケアマネージャーほど負担が重くなり、過労や心労から体調を崩して離職するケースも少なくないという。

介護事業所の所長は、「意図せずに、人の人生を請け負う結果になっています。それも最後の看取りまでの、言うなれば心身ともに負担が重い時期だけを背負う形になってしまうケースが少なくない。今はケアマネージャーの良心に頼ってしまっているけれど、どう負担を軽減してあげられるのか考えないと、今後、立ちゆかなくなるかもしれません」と危機感を抱いていた。

行き場のない単身高齢者たち

単身高齢者たちの受け入れ先のひとつとなる、地域医療の拠点病院はどうか。私たちは東京の東部、墨田区にある白鬚橋病院（現在は移転して東京曳舟病院）を訪ねた。ここはほかの病院で断られた救急患者も受け入れる、地域救急医療センターに指定されていて、墨田区や江東区、それに江戸川区の3つの区から救急車が集中する。年に1万人近い患者が搬送され、私たちが取材している間もひっきりなしに救急車が到着していた。

搬送される患者の半分以上は高齢者、中でも身寄りのない「単身高齢者」が増えているという。ほかの病院で入院を断られるケースが多いためだ。身寄りのない高齢者はいったん入院してしまうと、退院したあとに自宅での一人暮らしを続けることが難しくなる。そのため受け入れる介護施設を探さなければならないが、東京都内では空きのある施設を探すことは簡単ではない。結果として退院することができなくなり、転院先の病院が見つかるまで入院が続くことになる。これが病院や医療ソーシャルワーカーにとっては大きな負担になるため、入院の段階で敬遠されやすくなり、この病院に次々と集まってくるのだという。

「搬送される単身高齢者は年々増えている。私たちも危機感を募らせています」。古城資久理事長はため息をつきながらそう話した。病院にあるおよそ150のベッドはほぼ満床の状態が続いている。そして、こうした単身高齢者は周囲に彼らをサポートする人がいないため、症状が重症化してから運ばれてくるケースが多いという。

おととし墨田区内から搬送されてきた70代の男性は、一人暮らしの自宅の階段で転び、腰の骨を骨折した。しかし周囲に誰もいなかったため、近所の人が発見するまで3日間、その場を動くことができず、汚物にまみれた状態になっていたという。こうしたケースは相次いでいて、ただの風邪であってもこじらせて瀕死の状態で搬送されてきた人もいた。

がん検診を受けず、末期になってから病院を訪れる患者も多いという。高齢者の一人暮らしはただそれだけでリスクが高まってしまうのだ。

また、搬送された高齢者は自分で意思表示をできない状態の人も少なくない。「名前が確認できない場合は、『向島消防署から3月4日に搬送されてきた人』ということで『向島3・4さん』という名前を仮につけます。向島さんという患者が今も何人か入院していますよ」と理事長は話していた。病院はこうした「向島さん」たちについて、家族などのキーパーソンを探さなければならない。近くに息子などの親族が住んでいる場合はいいが、見つからずに地域の介護施設や社会福祉士などが代理になる場合も多いという。「単身高齢者がどんどん増えている今、そうした人を積極的に受け入れるこの病院は地域に必要なのはまちがいない。しかし、彼らを自宅に帰してあげることは現状ではできず、そうした患者が増えていく一方なんです」。そう語る理事長の表情は苦渋に満ちていた。

受け皿となる介護療養病床

入院したあと、自宅に帰ることのできない一人暮らしの高齢者たちは、そのまま病院で人生を終えるケースも少なくない。

東京と埼玉との県境、清瀬市の信愛病院。ここにはおよそ100床の介護療養病床があるため、要介護度が4以上の高い患者であれば長期間の入院が可能になっている。救急搬送された高齢者が自宅に帰ることが困難になった場合、介護療養病床に移ることになる。数年にわたって入院を続けるケースも珍しくない。

東京・北区で一人暮らしをしていた70代の男性は、月に7万円の生活保護を受けて暮らしていたが、脳梗塞で倒れ、この病院に入院した。ところが、入院すると1ヵ月5万円以下で生活できるとして、区から生活保護を打ち切られたというのだ。男性は住んでいたアパートを解約せざるを得ず、回復したあとも行く場所がないとして退院することができなくなった。そのため、すでに3年もの間、この病院に入院している。病院によると、こうした経済的事情が理由で退院できない高齢者は10人以上を数える。

療養病床は常に満床で、入ることのできない人もいる。板橋区の70代の男性はおよそ30年前に離婚して、高島平のアパートで一人暮らしをしていた。男性は自宅で風呂に入っている最中に脳梗塞を起こし、倒れた。なんと4日間も周囲に気づかれず、たまたま訪ねてきた娘が彼を発見し、救急車で搬送された。一命はとりとめたものの、退院できる状態ではなく、本来なら療養病床に入るべきケースだ。しかし空きがなかったため、信愛病院の一般病床にひとまず入院し、転院先の病院か介護施設を探している状態だった。

病院では医療ソーシャルワーカーが手を尽くして高齢者たちの行き場を探していて、介護施設が見つかったり、在宅介護サービスを利用して自宅に帰ったりして、退院できるケースもある。それでも、次々に入院してくる単身高齢者たちの対応に、手が回りきらない状態だという。平成27年度に介護療養病床を退院できたケースは77人。一方で、病床で亡くなった人は34人だった。身寄りのない人は家族も来ることはなく、医師や看護師たちだけが看取ることになる。医療ソーシャルワーカーの男性は「亡くなったら、私たちが役所に届け出て、火葬の手続きをします。亡くなったあと、息子さんが遺骨だけを引き取りに来たケースもあった。病院でひとり亡くなっていくケースというのはこの先どんどん増えてくると思います」と話していた。

若者たちを待ち受ける未来

私たちは警備会社を取材し、地方から出てきた様々な若者たちの事情を目の当たりにした。その中で出会った警備員、67歳のCさんは、東京にさまよう「単身高齢者」の予備軍のように映った。その境遇は、若者たちを待ちうける未来を示しているように思えてならない。

関東地方出身のCさんは、大学卒業後に上京し、飲食店でギターを演奏する仕事を続けてきた。しかし50代のころに脳梗塞を起こして楽器の演奏ができなくなり、生活に困った末、警備員の仕事をすることになった。「若い頃に結婚はしていましたが、30年以上前に離婚し、地元の親族も皆亡くなりました。いま、私は、天涯孤独の身です。地元に帰っても住む場所もありませんし、わざわざ帰る理由もありません。このまま東京で警備の仕事を続けて、寮で暮らすしか生きていく道はありませんでした」

ところが去年、Cさんは再び寮で脳梗塞を起こし、倒れているところを発見された。同じ寮に住んでいる同僚が救急車を呼ぼうとしたが、Cさんはそれを制して、現場に向かおうとした。「警備の仕事に穴を開けたら給料がもらえなくなる」というのが理由だった。もちろん、Cさんは現場に行くことはできず、そのまま入院することになった。この話を聞き、私たちは、警備会社にしがみつくしかなくなってしまったCさんの危機感を、ひしひしと感じたのだった。

Cさんは今、警備の仕事をすることはできず、寮に住みながらリハビリを続けている。稼ぐことができなくなったため、やむを得ず、生活保護を申請し、その金で暮らしている。いつか体が動くようになったら、再び警備の仕事に復帰することが目標なのだという。

この警備会社には、Cさんのような60代以上の警備員が数多くいる。彼らは、若者とは違い、いつの間にか、この会社でしか働くことのできなくなった人たちだ。

取材を進めていくと、こうした状況は、他の警備会社でも起きていることがわかってきた。都内にある中堅の警備会社では、高齢化した警備員たちをどう受け止めればいいか、社長が悩みを打ち明けてくれた。この会社もまた、働いている警備員に対して、会社の寮を提供している。地方からの若者を受け入れる一方で、高齢の警備員がとどまり続け、その数は増えている。寮で暮らす警備員のおよそ4割が50代以上で、最高齢は70代だという。社長が困っていたのは、警備員たちが働きに出られなくなるケースが相次いでいたことだった。この1年間で60代の男性2人が亡くなってしまったという。いずれの男性も、遺体の引き取り手もなく、諸手続きは会社が行った。他にも、3人が病気のために寮で暮らせなくなり、病院に移った。その際、身元引受人になったのは社長だった。

「かつては、働けなくなった警備員は、自分のタイミングで地元に帰るなどして仕事をやめていっていました。それがいまは、家族を持たない人が会社の寮に住み続け、文字通り、体が限界を迎えるまで働き続けているのです。そうなると私たち会社は、彼らの『家族代わり』となり、事務手続きを含めていろいろなことを背負うしかありません。今後、働けなくなった高齢者が今以上にどんどん増えていった場合、彼らをどう養っていけばいいのかわかりません」と途方に暮れていた。

寮付きの警備会社で働いている高齢者たちには、仕事をやめる、もしくは、できなくなると同時に、暮らしの拠点である〝住まい〟をも失ってしまう厳しい現実がある。一方で、働けなくなった警備員に住居だけ提供し続けることも、会社の経営面から見ると困難なことだ。いま、社長が苦肉の策として行っているのが、生活保護への移行である。行政側に事情を相談しながら、高齢で体調を崩すようになった警備員に申請を勧めることで、会社の寮から独立してもらっているという。ある種、追い出しのような形になっていることを、社長自身もわかっている。

「いまも、できる範囲で彼らの身の回りのことを気にかけています。葬儀や病院の手続きだってしています。しかし、これからその数が増えてきたときに、どこかで限界が来てしまう。すべての人に対応するのは正直無理でしょう。生活保護以外に、他にどういう方法があるんでしょうか……」。社長は私たちにそう問いかけ、頭を抱えていた。

警備会社に身を置き、「この場所は通過点だから」と言いながら滞留している若者たちも、いずれCさんのように、この会社にしか居場所がなくなってしまうかもしれない。結婚することも、家庭を持つこともできず、ただ年をとっていく「単身高齢者」の予備軍とも言える若者たち。それは、ひたすら人をかき集めてきた東京の負の遺産として、この先私たちに重くのしかかってくるのかもしれない。

第２章

破綻の街の撤退戦①

財政破綻した自治体の過酷なリストラ
（北海道・夕張市）

自治体破綻で現実に起きること

急激な人口減少を目前にして、「地方消滅」「自治体消滅」といった言葉が飛び交うようになって久しい。しかし、自治体がそこまで追い詰められることが本当にあるのか、半信半疑の方も多いだろう。

日本では、どの自治体に住んでいても公平な行政サービスを受けられることが常識とされてきた。行政サービスは空気のような存在であり、それが提供できなくなるといわれてもピンとこない。仮にそのような事態に陥ったとして、具体的に何が起きるのか、想像できないのはむしろ当然だと言える。

こうした私たちの常識を覆す、未曾有の行政サービスの削減を余儀なくされてきたのが北海道夕張市である。２００６年に３５３億円の赤字を抱えて財政破綻した、全国で唯一の財政再生団体だ。夕張市役所の職員たちは、「自治体はその存在をどこまで切り詰められるのか」という極限の状態を現在進行形で体験している。そして夕張市民は、当たり前と思ってきた行政サービスが突然打ち切られるという、厳しい現実に直面してきた。

２００６年当時、夕張市の財政破綻は全国的に大きく報道され、高品質のメロンによって築き上げられた夕張のイメージは地に墜ちた。観光事業への無謀な投資。不透明な会計操作

「炭鉱の街」として栄えた夕張市は、炭鉱閉山とともに人口が急減。ピーク時には11万人を超えた人口は9000人以下に減少し、いまなお人口流出はとまっていない（©NHK）

によって積み上げられた隠れ借金……。市民が今なお「夕張バッシング」と呼ぶ過熱報道が、新聞やテレビを連日賑わせた。しかし、報道がいったん落ち着くと、この町で何が起きているのかについてはほとんど伝えられなくなった。

多くの人々が警戒を強めていた「第二の夕張」が現れることもないまま、夕張市破綻のニュースはいつのまにか忘れられてしまった。放漫な自治体経営が招いた特殊な事例だと受け止められてきたといっていいだろう。

取材者自身、この地に初めて立ったときはそんな考えを抱いていたが、夕張にどっぷりと浸かって取材を続けているうちに、破綻の町で起きている異常なはずの出来事が「縮小ニッポン」の未来図と重なって見えるようになっていったのである。

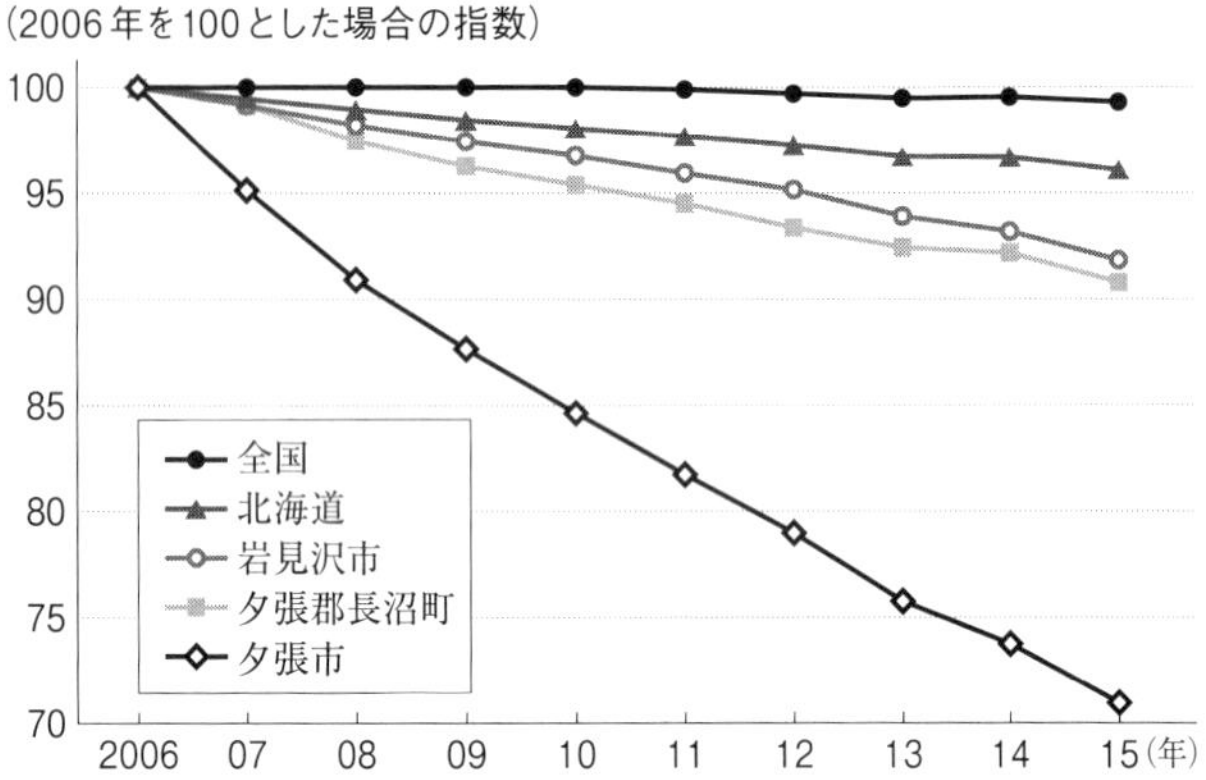

図2-1　夕張市と周辺自治体の人口の推移
夕張周辺の自治体の人口減少率は全国平均より高いが、財政破綻した夕張市の人口減少率はそれらをはるかに上回り、人口は右肩下がりに減少している

かつて炭鉱で栄え、全国から労働者を集めた夕張市。市内には多くの映画館が立ち並び、百貨店は休日になると家族連れでにぎわった。しかし、24あった炭鉱が次々に閉山に追い込まれたことで人口は転がり落ちるように減り続け、１９６０年のピーク時の11万人あまりから２００６年には１万３０００人台にまで急減した。市の財政破綻により人口流出はさらに加速し、この10年で実に人口の3割を失った。２０１７年５月時点の夕張市の人口は８５００人台まで落ち込んでいる。

財政再生団体になった夕張市（当初は「財政再建団体」）は、予算を編成するにも独自の事業を行うにもいちいち国の同意を得なければならなくなった。２０１７

年3月時点の債務残高は238億円。今後20年間にわたって毎年26億円を返済し続けていかねばならない一方で地方税収入はわずか8億円。地方交付税交付金や国や道からの支出金によって、どうにか帳尻を合わせているが、台所事情は極めて苦しい。

市職員の給与は年収ベースで平均4割カットされ、全国最低水準に抑えられてきた。破綻前は399人いた職員は100人に減少。55人いた管理職は10分の1に減った。図書館・公共施設は閉鎖。7校あった小学校、4校あった中学校はそれぞれ1校に統廃合された。市民病院も診療所に縮小され、171あった病床は19床に減らされた。子育て支援や福祉サービス、各種補助金も次々に打ち切られた。住民サービスの容赦ない切り捨てに嫌気がさした若い世帯は夕張を離れ、街には高齢者の姿ばかりが目立つようになった。

夕張市のトップ・鈴木直道市長は、夕張が直面しているこれらの課題は、決して他人事ではないと警鐘を鳴らす。

「今の夕張市の人口ピラミッドを見たことがありますか？　40年後の日本の人口ピラミッドと同じカタチなんですよ」

鈴木市長は、夕張を日本の未来図に重ね合わせているのだ。

夕張市で暮らすさまざまな立場の人々を取材すると、見えてくるのは、「痛みを伴う縮小」の現実である。本章及び次章では、自治体はどのようにして自らの身を削っていくのか。行政サービスはどのように切り詰められ、市民はどんな暮らしをすることになるのか。そして、その厳しい現実の中で首長や自治体職員は何を目指していくのか、を紹介していく。

どんなに追い詰められても自治体は消滅を選ぶことはできない。人口減少がさらに進み、財政が苦しくなりあらゆる行政サービスの効率が悪化しても、そこに住民がいる限り、自治体は逃げることはできないのである。そうした状況の中で繰り広げられる戦いを私たちは「撤退戦」と名付けた。それは、縮小していく地域の現実に正面から向きあい、それに合わせてあらゆるサービスを縮小していくことにほかならない。夕張市の撤退戦が私たちにとって他人事だと言っていられるのか、確かめていただきたい。

縮小後に残された大量の公営住宅

財政破綻した夕張市にとって、人口減少に加えて深刻なのはいびつな人口構造だ。高齢化率が5割に上る一方、15歳以下の子どもの割合は6%にも満たない。

この現状を踏まえ、夕張市ではもはや人口を増やそうとは考えていない。2040年の人口目標は今の人口の半分近い約4500人。この先も人口減少が続くことを前提にまちづくりを進めているのである。そのときにまず見直しを迫られるのは、人々が暮らす〝ハ

築年数が40年を超えて老朽化が進む市営住宅（ⒸNHK）

コ〟――住宅政策の撤退戦だ。

東京23区よりも広大な面積を持つ夕張市。縦長のひし形のような形を南北に貫くのが国道452号線である。2016年の春、私たちは1台の軽自動車のあとについてこの幹線道路を走っていた。軽自動車が脇道に入っていくと、そこには平屋の木造住宅や3階建ての鉄筋コンクリート造りの団地が立ち並ぶ住宅街が現れた。軽自動車から降りてきたのは住宅の管理を担当している2人の夕張市職員。目に入る建物のほとんどが市の管理する公営住宅だと聞かされると、その数の多さに驚かされる。

住宅の合理化は人口減少のペースには到底追いつかず、市は人口9000人を切ってもなお3400戸を超える市営住宅を管理しなければならない状況に陥っていた。毎年雪解けが進む季節になると、住宅を担当する職員たちが手分けしてすべての公営住

老朽化が進む市営住宅の崩れ落ちそうになっている煙突（©NHK）

宅を目視し、修繕が必要な箇所を調べて回っている。

住宅政策のプロである彼らの目を通すまでもなく、どの建物も傷んでいることは一目瞭然だ。ヒビの入った窓ガラス。扉が外れ何年も前から用をなさなくなっているように見える物置。しかし、私たちの目には修繕が必要に見えるこうした不具合を2人はことごとくスルーしていった。どうやら、ただ傷んでいるというだけでは修繕の対象とはならないようだ。

「あれ、危ないですね」

職員のひとりが指差した先には、市営住宅の一室から伸びる煙突。今にも崩れ落ちそうなほど大きなヒビが入り、明らかに危険な状態である。もうひとりの職員が「危ないな」とうなずきながら紙にチェックを入れていく。修繕をするかどうかの判断基準は「傷んでいるかどうか」ではなく「住民の身に危険が及ぶかどうか」であることがわかってくる。実際に風で屋根が飛ばされ落下するといった事故も起きており、こうした危険な兆候を早めにとらえて応急手当てをすることが欠かせない。

市の全域に広がる市営住宅の管理はなまやさしいものではない。公営住宅の修繕にかかる費用は年間2億円。すでに30～40年の耐用年数を過ぎている住宅もあるうえに、2020年には新たに1200世帯の住戸が耐用年数の期限を迎えるのだという。そうした住宅も法的には使い続けることは可能だというが、そうなると当然、管理する市の責任は重くなる。危険箇所にチェックを入れていた60代の職員が空洞化が進む団地の前で自らに言い聞かせるようにつぶやいた。

「ここを建てた時は『ああ、いい団地が出来ましたね』って言われて。それが40年も経過するとお荷物になる。それはもう住宅をやる行政の人の宿命って言えば宿命ですもんね」

市の職員が向き合わなければならない「お荷物」は老朽化した住宅だけではない。入居率が落ち込んでも、団地全体に張り巡らされた水道管や浄化槽のメンテナンス、除雪や道路修理などのコストは変わらずにかかり続けるのだ。夕張市は2015年、「お荷物」全体の〝重さ〟がどれくらいになるのか、測ってみた。市営住宅、橋梁、水道管、道路など市が現在管理しているインフラを今後40年にわたって維持し続けるのにどれだけのコストがかかるのかを試算したのである。結果は、488億円。財政破綻した時に夕張市が抱えていた借金を上回る金額が必要となることが明らかになった。

夕張市がこの試算を行ったのは、国から求められたからだった。老朽化したインフラの維持管理コストは今後、国全体でどれだけ重くのしかかってくるのか。国はその膨張に警戒を強めている。

全国の自治体財政を監督する総務省では、自治体に対して、夕張市と同様の試算を行うことを求めてきた。きっかけは2012年に山梨県の中央自動車道笹子トンネルで起きた天井板崩落事故。老朽化インフラが9人の命を奪った悲惨な事故は、自治体に対してもインフラに対する考え方を抜本的に見直すよう促すきっかけとなった。しかし、そこにかかるコストがどれほどの金額に上るのか、誰も把握してこなかった。国に言われて将来かかるコストを試算した自治体の多くが夕張市と同様、これまでの投資とは比べものにならない莫大な額に上ることを認識し始めている。

結論ははっきりしている。現状の公共インフラをそのまま維持し続けるのは到底不可能だということだ。人口増加に合わせて拡大してきたインフラを今後、大幅に縮小していかなければほとんどの自治体の財政はもたないのである。

夕張市では、全国に先駆けてこの〝不都合な真実〟に正面から向き合おうと動き出していた。その動きをリードするのが市長の肝煎りで作られた「まちづくり企画室」で主幹を務める佐藤学さん（43歳。年齢は取材当時、以下同）だ。

その信条は「〝逃げ〟を許さない」。上司であれ部下であれ、必要な判断を先送りにしたり、課題に向き合わなかったりする姿勢を感じると怒りをぶつけ、覚悟を迫っていく。夕張市役所の「エンジン」と言っていい存在である。学校のPTA活動や野球チームのコーチなどを掛け持ちしながら休日返上で市内を駆け回り、市民の声に耳を傾けてきた佐藤さん。その言葉は、どの自治体も目を背けてきた〝不都合な真実〟を言い当てている。

「問題なのは人口が減っていくっていうだけじゃなくて、残った住民の負担が大きく膨らんでいくことなんです。不便になって負担だけが増える。そんな町には誰も住まないでしょう？　このままでは将来の住民一人当たりの負担がとてつもない額になりますよ」

将来世代の負担増を避けるためには、逃げることが許されない公共インフラの撤退戦。一体、どうやって進めていけばいいのか。佐藤さんが打ち出したのは、住民の理解を得るための画期的な一手だった。地域ごとに、現在かかっている行政コストを可視化し、住民に示すというのである。

導入したのは「自治体の都市インフラ整備維持収支計算プログラム」。パソコン上で示された市内全域の地図のうち特定の地域を囲めば、その地域でかかっている道路維持費、

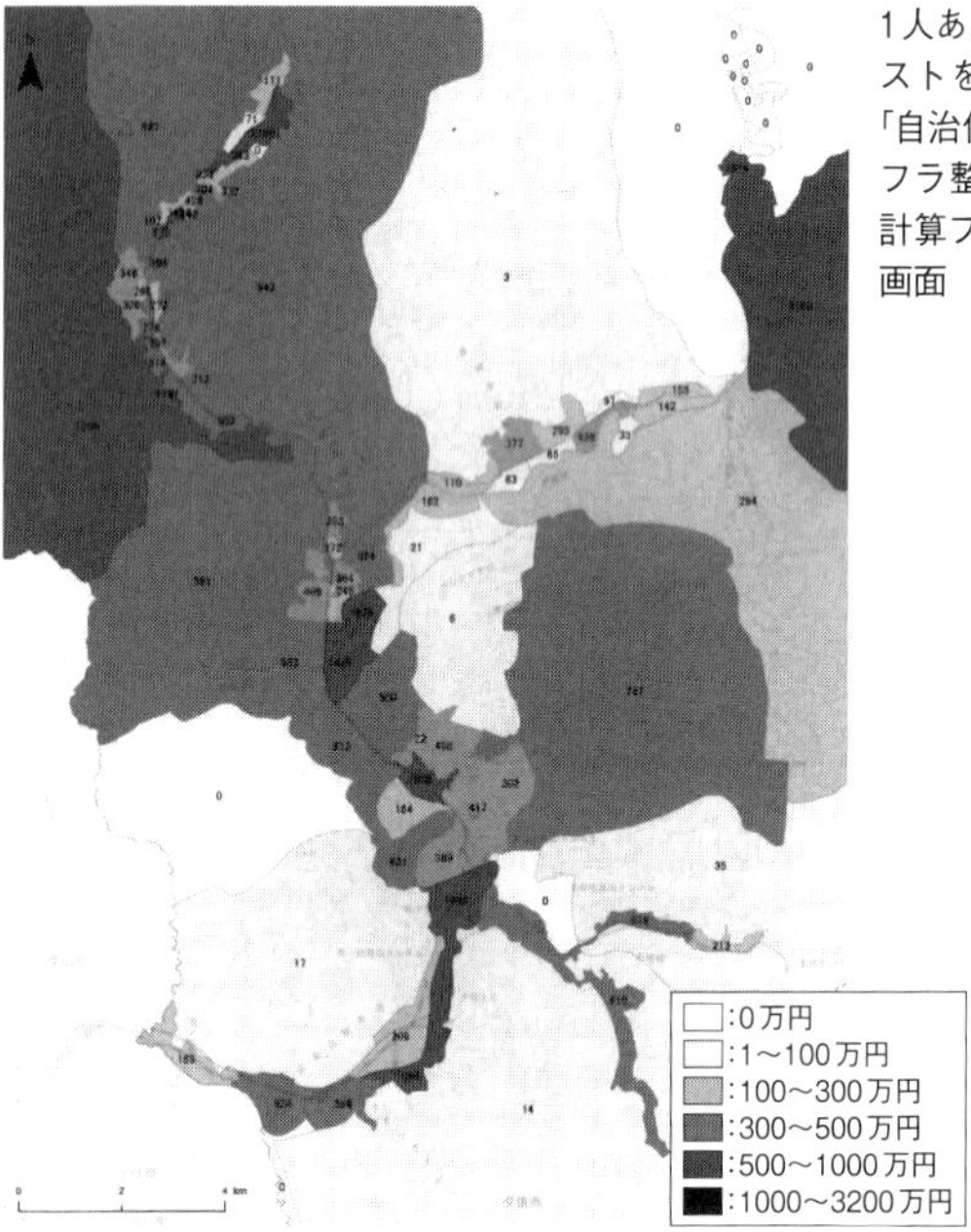

1人あたりの行政コストを可視化した「自治体の都市インフラ整備維持収支計算プログラム」の画面

除雪費、ロードヒーティング費、橋梁費、下水道維持費、マンホール維持管理費などがそれぞれ表示される。これによって「ここはわずか1軒のために水道管をひいてコストが年間20万円かかっている」といったことが見て取れるようになる。さらに、その地域の人口データを重ね合わせることで、一人当たりの行政コストも明らかになる。色が濃いところがより高コストを示すように色分けすることで、人口が減り行政コストが非効率となっている地域が判明し、そこには住まないように誘導していくひとつのきっかけになると考えたのである。

システムを開発したのは北海道旭川市にある北海道立総合研究機構・北方建築総合研究所。システムを作ったのは２００９年にさかのぼるが、実際に利用する自治体はこれまでひとつも現れなかった。しかし、同研究所では近い将来、夕張に限らずこのプログラムが必要とされる時代がやってくると見ている。その萌芽ととらえているのは、国土交通省が２０１４年に作った「立地適正化計画」という新たな仕組みだ。これは自治体に対して、まちの「コンパクトシティ化」を促すもので、計画を立てた自治体では「居住誘導区域」が指定され「区域外」と区別される。計画を立てて「将来的にも住める場所」と「人が住まなくなる場所」を明確化すれば、国が自治体に対して補助金を出すというものだ。計画が作られると、「ここに住むことは望ましくない」という自治体の意思が示される。

国が全国の自治体に取り組みを促しているコンパクトシティ化。これまでにも人口減少に対応する政策として全国でもてはやされてきたが、そのほとんどが「中心部を活性化させる」ことと同義で語られてきた。中心部に新たな建物を建て、そこから伸びる交通インフラを整備する。それは、拡大の時代にやってきたことの延長線上にある施策だった。

しかし、佐藤さんたちの取り組みは、国が打ち出したスキームのさらに一歩先を行くものだった。「周縁部をどう縮めていくのか」「切り捨てる地域をどう選ぶのか」という核心的命題に果敢に踏み込んだのだ。

北方建築総合研究所では、夕張市の取り組みがうまくいけば、全国のコンパクトシティの全く新しいモデルになると考えている。

「憲法で保障された居住・移転の自由にも関わるデリケートな問題でここまで思い切ってしまっていいのか」と疑問を持たれる方もいるだろう。夕張市がこうした取り組みに踏み出せる理由は、厳しい財政事情というよりはむしろ、「課題から目を背けることでより大きな不幸をもたらした」という職員たちの胸に深く刻まれた過去にある。

夕張市長の右腕として縮小していくまちの現実と向き合う佐藤さんには、課題を先送りし続けたことに対する苦い思いがあった。

ブレーキをかけることができなかった

佐藤さんが夕張市役所に入ったのは1995年。すでに日本経済はバブルが崩壊し、不良債権問題でノンバンクや証券会社や大手銀行が次々に経営破綻する金融不況の最中であった。当時の夕張市は、「炭鉱から観光へ」のスローガンを掲げ、「超」積極的な自治体運営に突き進んでいた。市は次々に第三セクターを設立し、「ゆうばりロボット大科学館」「夕張市石炭博物館」と遊園地が一体化したテーマパーク「石炭の歴史村」を作ったり、スキー場を買収したりと、観光振興に力を注いでいた。前のめりの投資の背景にあったのは、国のエネルギー政策の転換によって、市を支えてきた炭鉱が相次いで閉山していくことへの焦りだった。しかし、どの事業も採算は赤字続きだった。

市役所に入って6年目になる2000年、佐藤さんもこうした観光事業を行う第三セクターの担当に配置転換になった。

「次から次へ施設にお金のかかる状況で、着任当初から先が見えない不安は感じていました。しかし、役所の中では、この問題について他の職員と議論や討論をしたわけではなく、惰性に流されて埋没していました。『相当まずい状況なんだろう』と気付いたのは担当になってから数年後のことで、もはや手遅れでした。結局自分には何もできなかった。問題にもっと早く取り組んでいれば……」

佐藤さんは自責の念を隠そうとしない。

夕張市は、一時借入金など粉飾まがいの手法で財政黒字を維持していたが、ヤミ起債問題がきっかけで、破綻状態にあることが発覚し、2007年に財政再建団体に転落した。その後、夕張市が設立した第三セクターは次々に解散し、観光施設の多くは閉鎖に追い込まれた。

「衝撃を受けたのは、観光施設で働いていた同年代の人たちがみんないっせいに職を失ったことです。子どもが通う小学校での知り合いの保護者もみな解雇されました。その時に一番思ったのは『公務員って何なんだ？』って。何の責任もない三セクの人が職を失う一方で、破綻の原因を作った行政側にいる自分たちは何のとがめを受けることもなく、市の職員として働き続けるってなんなんだと……」

佐藤さんは続ける。

「長い間自問自答を続けてきましたが、結局、責任の取りようなんかないってことに気付いたんです。だとしたら、いま自分にできることはなにか。いま夕張が抱えている問題に取り組むときは、いま自分が持っている感性の中で、とにかく最善と思えることをやろうと決めました。昔のように『なあなあ的』に先送りしていると、また同じ過ちを繰り返すことになる。今やらないとどんどんマイナスになっていって、あとでゼロに戻すことって、ほぼ不可能になるんです」

財政破綻後、まさに身を切るような改革を続けている夕張市だが、人口の流出はとまらず、税収も減少し、厳しい財政状態が続いている。全国の市で最も高い高齢化率。老朽化した施設。分散化した都市構造……。山積する課題にどう対処していくのか。佐藤さんには残された時間はわずかしかないとの危機感がある。

「このまま放置していけば、取り返しがつかない事態になります。反対やリスクがあっても、僕ら市役所の人間は正しいと思う選択肢を住民の皆さんにきちんと説明しなければならない。結局、一番情報を持っているのは市役所の人間なんです。住民の皆さんにはそうした情報がないから、たとえ憎まれるようなことがあっても正直に説明しなくてはいけない」

２０１６年の春、佐藤さんの前に夕張市の行政コストの地域ごとの色分けの結果が提示された。その結果、最も濃い赤で塗られた地域、つまり一人当たりの行政コストが大きな地域が初めて目に見える形で明かされた。そこに記されていた地域の名前は「清陵町《せいりょう》」――夕張市で最大の住宅地だった。

行政が空屋を誘導する「政策空屋」

仮に行政効率だけを考えるのであれば、人口減少が一定程度進んだ地域には人が住まないように誘導していくのが望ましいということになる。住民がいなくなれば老朽化した建物を取り壊すこともできるし、そこに張り巡らされた水道管などインフラの補修も必要なくなる。維持管理に莫大なコストがかかっている公共施設を思い切ってなくすことさえ可能だ。行政コストの削減という意味では絶大な効果がある。

ただし、それは追い出される住民からすれば、到底承服できない「行政の論理」である。住み慣れた環境から転居を迫られるだけでなく、土地や建築物の資産的価値の大幅な下落も予想される。そのため、徹底した効率化を実施してきた夕張市役所もきわめて慎重に対応してきた。

「とはいえやはり無駄はなくしたい」。そんな行政の本音を初めて垣間見たと感じたのが、「政策空屋《あきや》」という耳慣れない言葉を初めて聞いたときだった。

老朽化した公共住宅を建て替える際などに、住民が退去しても新たな入居者の募集をかけることなく空室状態を維持し、その住宅全体が空になるように誘導していく。これが「政策空屋」である。

取材を進めると、夕張市でも公式には存在しないとされる「政策空屋」が実態としては運用されていることが見えてきた。その舞台が市内で最も行政効率が悪いとされる清水沢清陵町（通称 清陵町）にある市営住宅だった。

夕張市のコンパクトシティ計画において中心部とされている清水沢地区。そこから夕張川をはさんだ対岸にあるのが清水沢清陵町だ。高台から清陵町に目をやると、市の中心部とつながる橋の先に大きな団地群が広がっている。

この町は夕張市で最後に開鉱した北炭夕張新炭鉱とともに発展し、昭和40年代から50年代にかけて約１３００戸の住宅が整備された。市内最大の住宅地となったことで、清陵町には住民の生活を支えるためのさまざまなインフラが建設されてきた。現在夕張市内で１

つしかない小学校も、3つしかない保育園のうちのひとつも清陵町におかれている。生協が運営するスーパーや郵便局も建物は古くなっているが、立派に機能している。

ところが、清陵町を歩いていると明らかな異変が起きていることに気がつく。引っ越しが多すぎるのである。清陵町を訪れるたびに業者が部屋からタンスや食卓などの大型家具を運び出しているところに遭遇する。不思議なことに、どの現場でも、家具は引っ越しトラックに積まれることなく、バリバリと音をたてながらゴミ収集車に吸い込まれていた。

「最近はね、毎日ですよ……」

近所の住民に話を聞くと清陵町から人が出ていくペースが年々早まり、冬の到来が近づくと毎日のように引っ越しが行われているという。その多くは単身高齢者。札幌などに住んでいる子どもを頼ったり施設に入ったりするため、かさばる家具を全部捨てていく人が多いのだという。「頼れる子どもがいればね……」とつぶやく高齢男性自身も単身で清陵町で暮らしている。「私は出ていく先がないんで」と男性は続けた。

清陵町には小学校や保育園があるといっても、子どもたちの多くはほかの地域から通ってきている。清陵町に住んでいる住民のほとんどはかつて炭鉱で働いていた高齢者だ。単身高齢者の割合が高く民生委員がその住戸を巡回しながら一人ひとりに目を配っている。民生委員から聞く単身高齢者の暮らしは過酷そのものだ。市営住宅の中には風呂がない住戸が多い。町内に公衆浴場が整備されているが足が不自由で頻繁に通えない人も少なくない。1週間に1回というのはまだいい方で、中には3週間に1回しか風呂に入れない人もいるという。通院したくても交通手段がないため病院にいけないという人や、いつ倒れてもいいように入院セットを枕元に置いて寝ている人もいる。4人の孤独死に遭遇したという民生委員もいた。

市内最大の住宅地で進む高齢化・孤立化と、激しい人口流出。清陵町では一体何が起きているのか。清陵町の「顔」として知られる住民がいるというのでその自宅を訪ねた。清陵町連合町内会長の森谷猛さん（85歳）。森谷さん自身、かつて炭鉱で働いていた。市内で看護師として働いていた妻とふたりで清陵町に建てた自宅で暮らしている。森谷さんが広げた住宅地図には空室が目立つようになった団地の実態が映し出されていた。950戸ある部屋のうち、人が住んでいるのは300戸を切っているという。

一般的に入居率が7割を切るのは望ましくないとされる公営住宅において3割というのは異常な数字だ。一体なぜここまで人が減っているのか、という問いに対する森谷さんの答え。それが「政策空屋」だった。怒りで顔を紅潮させながら森谷さんが話すその内容はにわかには信じ難いものだった。

「清陵町の市営住宅はみんな『政策空屋』。市が、そこには住めない、住んじゃダメだっ

夕張市の老朽化した市営住宅が集中する清陵町（©NHK）

て言ってる。空いてる部屋があっても入れないし、修理やなんかを頼んでも何にもやってくれないんだから。風呂が遠くて通えないから近くに移りたいと言っても一切ダメ。ここから人を追い出してさ、空屋を増やして清陵町全体がなくなればいいと思ってるんじゃないの。（市民の中には）『いずれ消滅する地域に家建てた人は馬鹿だ』って言ってる人もいる。市には10年以上前から、『清陵町をどうしようとしているのか説明してくれ』って言ってきたけども、説明してくれたことなんか一度もない。行政は『コンパクトシティ構想』って言ってるけど、聞こえは良いけどもさ、要は〝厄介払いをする〟っていうことでしょ。コンパクトにして、金のかかることは一切やらないようにして、そして、地域を整理しますっていう計画でしょ。〝コンパクト〟ってのは……横文字を使えば、なんかね、別な……夢もあるのかなっていう風に思っちゃうけども」

森谷さんが怒りをこめて語った「政策空屋」。確かに、市営住宅の担当者が修繕するかどうかの基準にしていたのは「住民の身に危険が及ぶかどうか」であって、古くなって傷んでいる箇所もそれだけで修繕はしてもらえないように見えた。

そうは言っても空屋が増えるように誘導する「政策空屋」を実際に市が進めているのかと、半信半疑の気持ちでいたところに、「今まさに市営住宅から退去させられる人がいる」と聞き、慌てて向かうことにした。

現場は3階建てに4つの共用階段が並ぶ24戸の部屋が入った鉄筋コンクリート造りの典型的な団地の住棟である。建物の前に止められた軽トラックに次々と荷物が積み込まれていた。共用階段に入るための扉を開けると強烈なカビの臭いが鼻をつく。と、そこに40代の男性が階段から降りてきた。この男性がこの住棟の最後の住民である。男性自身はこの住棟の最上階の3階に住み、80代の父親が同じ共用階段を使う1階で暮らしてきた。本人は長らく市外で働いていたが、5年前からここに移り住み、介護が必要になった父親の面倒をみながら夕張市内で働いている。この日、身体が弱っている父親をしばらく預かってもらいその間に2軒分の引っ越しを一人で行っていた。

男性が父親を連れて引っ越しをせざるを得なくなった原因は、建物の老朽化だった。屋根が剝がれた結果、雨漏りがコンクリートを腐食させて電気系統にまで及び、漏電する危険があるため移転しなければならない、と市から説明を受けた。

この団地では何年も前から空き部屋が増え続けており、その時点でここに残っていたのは24戸のうち、わずか5戸にすぎなかった。この建物が建設されたのは1975年。鉄筋コンクリート造りの建物とはいえ、築40年にもなればこうなってしまうのもやむを得ないのか。男性はそう考え、退去すること自体には納得していた。

違和感を覚えたのは、移転に伴う引っ越し代についての市の説明だった。市の都合による移転であるため、基本的には市が負担するのだが、「清陵町内の住宅に移転するのであれば引っ越し代は出さない」というのだ。父親は長年暮らした清陵町から離れたくないと話していたが、金銭的な負担を考えると諦めざるを得ず、市内の別の市営住宅に引っ越すことにしたという。

すべての家財道具が出され、すっかり空っぽになった男性の父親の部屋に立つと、割れた窓ガラスに目が止まった。ダンボールがあてがわれ、ガムテープでとめられている。80代の父親は、この部屋で夕張の寒い冬を一体何度越したのだろうか。腰の骨を自然骨折し、一人では出歩けなくなっていたという父親はどんな思いでこの部屋を出て行ったのだろうかとふと想像してしまう。彼らは決して強制的に追い出されたわけではなかった。その身に危険が及ばないためには移転は必要だという市の説明も理解できるものだ。しかし、ここまでの状況になるまでに打つべき手はなかったのだろうか。釈然としない思いが残った。

夕張市の担当者に取材すると、清陵町では1987年に一部の住宅でユニットバスを入れる工事をしたほかは大規模修繕を行ったことはないという。しかし、「清陵町全体が政策空屋となっている」という森谷さんの主張について、市はきっぱりと否定した。公的には、住めないと決めているわけではないというのだ。市が認めていない以上、「政策空屋」が一体どういうものなのかを理解するためにはもっと多くの住民に話を聞くしかなかった。

それでも住み続ける人々

清陵団地で暮らす住民の中には、森谷さんが言っていたように、切実な理由があっても空いている部屋に移転させてもらえないという人が確かにいた。取材で出会ったのは80代の夫婦。同じく1975年ごろに建てられた2階建ての木造住宅に住んでおり、部屋は2階にある。もちろんエレベーターなどついていない。妻は両足を痛めており、両手で杖をつきながら一歩、また一歩と確かめるように歩まなければ、平地を歩くことも難しい。そんな状態で階段を上り下りする様子は危なっかしく、見かねた夫が階段に物干し竿をつないで手すりにしてくれていた。物干し竿にしがみつくようにして時間をかけて階段を上る女性。どうにかできないかと思うのだが、近くにある1階の空室に移転したいと言っても市は認めてくれないのだという。

雨漏りに悩まされているという夫婦もいた。団地の3階にあるその部屋では何年も前から強い雨が降るとコンクリートの壁から水が漏れだしてくるようになった。天井には雨によるというシミが広がっている。押し入れに入れていた夏布団が漏れてきた雨水でびしょびしょになったこともあるという。雨の日に再び訪れると、天井には雨が滴となっていた。夫婦は、雨が漏れだしてくる壁に雑巾を貼り付けて、少しでも滲み出るのを防ごうとしていた。雨が降るたびにこのような対処をしなければならないので雨の日は外出することができない。夜寝ている時にもポタッという音で目がさめることがあるという。市役所に電話をして担当者に来てもらったこともあるが、屋根の上にブルーシートを敷く以上の対応はしてもらえず、雨漏りはその後もずっと続いている。

80代の父親とともに退去していった男性が住んでいた建物もこんな状態が続いていたのだろう。この建物も、漏水が電気系統にまで及ぶようになれば危険だとして市から移転するように求められるようになることは容易に想像できた。ここで長年生活を営んできた夫婦も近い将来出て行くことを覚悟している。団地の中ではすでに、まもなく清陵町の市営住宅には誰も住めなくなるのだという噂が広がっていると聞かされた。

「政策空屋なんだから。住民をみんな追い出したいんだから」

森谷さんの言葉がよみがえった。

「政策空屋」が正式決定

２０１６年３月、ついに夕張市は、清陵町の市営住宅のほぼ全てを政策空屋とすることを正式に決めた。これによって現在住んでいる９００世帯はさらに流出が進むと見越し、２７０棟ある建物のうち、４棟程度を残してすべて除却していく方針を打ち出したのである。これが実現すれば、水道管や浄化槽、道路や除雪費用など、インフラや行政サービスにかかっているコストを大幅に抑えることができるようになる。

最大の課題は住民の説得だ。市では清陵町の市営住宅に暮らす全住民に意向調査を行うことを決めた。担当者は調査への協力を求めるために、町内会長の森谷さんを訪ねた。

「市は清陵町をどうしようとしているのか、説明してほしい」と長年訴えながら一度も希望がかなわなかった森谷さん。市から説明を受けるのは初めてのことだ。住民の理解を得たいという市に対して、これまで積み重なってきた思いが噴出するのは必然であった。

森谷：政策空屋制度っていうの、ずっと内緒でやってたんでしょ。修理しなくてそのままに放っておいて生活できなくなって住めなくなって出ていったら、空屋が増えたので取り壊しますってやってきたんでしょ。

市の担当者：いや、それはね、入居されている方が生活する上で必要な修繕はそれまでやらないとは言ってないはずですけど。

森谷：いやいや、できませんって。予算があるからできませんっていう回答だったんだよ！

市の担当者：最終的に、結局誘導していかなくちゃなんないですよね。中心部に集めるって話になった時に。そのためには基本的には入れない所を設定して、入れる所はちゃんと修繕しながら入れていこうと。役員さんの方々にも、市の考えてる方針を理解していただきながら意向調査も含めて協力していただきたいと。

森谷：追い出されてさ、去年の9月に札幌に移転した人なんてのは、今年の3月に亡くなってるよ。あの人だって、できれば動きたくないという希望があったんだけども、「10月が限度です。で、あとは入居させません」ということだったからさ、市外に引っ越しせざるを得なかった。あの人は心臓にペースメーカー入っていたんですよ。ご本人も「環境が変わると色々な問題が出てくるから移りたくない」と言っていたけども、引っ越して半年足らずで突然死しちゃったんだ。それは、たまたま氷山の一角であってね、そういうふうにして出て行かざるを得なかった人たちがたくさんいるのさ。

退去した住民の死を知らされた市職員は一瞬言葉を失った。結局、両者のやりとりは最後まで平行線をたどった。夕張市は２０１７年度中には住民への意向調査に着手したいとしている。正式に政策空屋に指定されたことで、清陵町の住民に対して退去を迫る圧力はさらに強まっていくはずだ。そして、それはここまで人口が減り、行政効率が悪くなった縮小先進地においては推進すべき施策なのだろう。しかし、どれだけ丁寧な説明を行ったところで、そこには確かな「痛み」が残る。

夏、80代の父親と男性が出ていった3階建ての住棟の取り壊しが始まっていた。解体用の重機に取りつけられた巨大な金属のハサミがコンクリート製の壁をばりばりと音を立てながら崩していく。その近くでは住民たちが「庭」の手入れをしていた。清陵団地の一帯では住民たちが空いたスペースをあたかも自宅の庭のようにして花畑や家庭菜園を作っている。立ち並んだ廃屋の中で美しく咲き誇る花々を目の当たりにすると、「これだけが生きがいだ」と話す住民たちの言葉にもうなずける。「花を育てられなくなるから清陵町を出たくない」という住民の声も耳にする。市の土地を無断で占拠し花壇として使っている人々が、そんな理由で退去を拒むのは身勝手な言い草なのかもしれない。しかし一方で、高齢者のそんなささやかな営みを奪い、追い出すことに痛みを感じないという人はいないはずだ。

縮小の時代。そのとき自治体職員たちは住民の痛みに正面から向き合うことを迫られる。それは、拡大の時代を生きてきた公務員たちがおよそ感じることのなかった痛みである。自治体を安定的に継続させていくために、どれだけの痛みを住民に引き受けてもらうのか。市民のために働くとはどういうことなのか。そもそも、自治体とは何のためにあるのか。これからの時代、自治体職員はこれまで以上にこうした本質的な問いに向き合わなければならなくなるのかもしれない。

第3章

破綻の街の撤退戦②

全国最年少市長が迫られた「究極の選択」
（北海道・夕張市）

ない袖は振れぬ

夕張市は、財政破綻で２００７年に財政再建団体に指定されたことをきっかけに、事実上国の管理下に置かれた。２０１０年の法改正で財政再生団体と名称は変わったが、予算編成にしても国の同意を得なければ、新たな予算を計上することも独自の事業を実施することもできない。「地方自治体」でありながら、「自治」が許されない。そんな自治体は、全国でも唯一夕張市だけだ。

夕張市の財政はいまも火の車だ。税収が8億円しかない夕張市が毎年26億円を返済するという計画は「ミッションインポッシブル」と揶揄され、毎年の予算編成も綱渡りが続く。

取材班がカメラを入れたのは、どの自治体でも行われている予算折衝の会議である。各課の課長クラスが市長や財務課長らに対し「次年度はこうした事業を実現させたい」と説明し、予算を要求。当該事業に予算をつけるかどうかの議論が行われる。普通の自治体なら事前の根回しを済ませた上で予算折衝に臨むので、あ・うんの呼吸で予定調和の結論に落ち着くが、夕張市では、息の詰まるような厳しいやりとりが続く。

その日議題に上ったのは、市立幼稚園の臨時職員の雇用をめぐる予算だった。他の自治体であれば、担当者レベルで調整できる問題だが、夕張市では幹部クラスが議論を戦わせる。

教育課長：市立幼稚園では人手不足が続いており、先生がお昼ご飯を食べる時間をとるのも厳しい状況です。なんとか時間給で働ける先生を確保してもらえないでしょうか？

財務課長：厳しい状況にあるのは重々承知しておりますが、「計画」にない予算をつけるのは難しい。「計画」の変更には国の同意が必要です。一番厄介な問題なんですよ。

予算査定の会議で繰り返し、壁として現れたのが、この「計画」だった。通常の自治体では、実情に合わせて予算を見直すことができる。しかし、夕張市では借金を返済するための「財政再生計画」に縛られているため、それができないのだ。

国から認められた年度当初の「計画」にないお金を市の判断だけで使うことは1円たりとも許されない。予算をどう配分し何に使うのか、という自治の根幹とも言える権利を持たない夕張市。10年間にわたってこの異常な状態が続いてきたことで、様々な歪みが生じている。

市職員は年収ベースで4割削減

これまで、夕張市の行政サービスの効率化として多く語られてきたのは、目に見えるものが多かった。前述したように、少子化が進む中で7つあった小学校、4つあった中学校はそれぞれ1校ずつに統廃合され、図書館や美術館などの施設は軒並み廃止された。公園は整備されなくなり、医療機関も縮小された。

しかし、それらに比べても大なたが振るわれたのが職員の人件費だった。自治体にとって、支出を抑えるために最も大きなカギを握っているのは何と言っても人件費なのである。夕張市では財政破綻後、55人いた管理職のうち定年退職を控えた部長は全員、課長級は3人を残していっせいに退職。残った職員の給与は年収ベースで平均4割削減された。「この収入では家族を養えない。生活設計が破綻する」と退職する職員が相次ぎ、260人だった職員数が瞬く間に減少したことで人件費はさらに圧縮されることとなった。国は、人口減少に合わせて職員数を減らすのが当然と考え、特段の手当てが講じられることもなかった。

しかし、人口が減ったからといって事務量がそれに比例して減るはずもなく、市職員の一人当たりの仕事量は増大した。北海道を始めとする他の自治体や企業からの出向者など約20人の派遣職員を得たが、それでも追い付かず、市職員が夜遅くまで残業する事態に追い込まれた。経費節減のため午後5時になると冬でも暖房が切られてしまい、室温がマイナス5度まで低下して、コップに入った水が凍ってしまうこともあったという。

容赦ない合理化は、就労環境を悪化させるにとどまらず、市職員の士気を下げ、先行きの見えない市政に絶望した若手職員らの離職がさらに進むという悪循環を招いた。

私たちは、夕張市の人事・採用の責任者である総務課の寺江和俊課長（54歳）を取材した。夕張市役所で働くことの意味を誰よりも熟知する人物である。

寺江さんの席は職員たちを見渡せる夕張市役所4階フロアのほぼ中心に位置している。その横に丸椅子を置き、質問を投げかける。周りに多くの職員たちが働いており、取材のやり取りはすべて筒抜けだ。こうした状況では通常、本音を引き出す取材は不可能だ。何度か通っているうちにふたりだけの場で本音を聞ける関係を築くことができれば御の字である。ところが、初対面のこの日、寺江さんの口からは予想を裏切る「本音」があふれ出た。

「ここにはね、希望がないんですよ。組織として続かないですよ！　こんなんじゃ」

寺江課長の言葉に込められた怒りと諦め。それは特定の誰かに向けて放たれているというわけではなく、とにかく今自分たちが直面している状況を誰にもわかってもらえていないことへのやるせない思いが噴き出しているように見えた。そしてその言葉がまるで普段の日常会話であるかのように職場の誰も気にとめる様子もない。周囲の職員たちは静かにパソコンに向き合い続けていた。

寺江さんが課長になったのは財政破綻直後の２００７年。ヒラ職員からの大出世であるはずのこの人事は全くめでたいものではなかった。上司のほとんどがいなくなる中で、45

歳という年齢もあって辞めるに辞められなかった寺江さんに管理職ポストが回ってきたのである。部長や次長などの幹部級のポスト自体が廃止されたため、これ以上出世の望めない「万年課長」。しかも、給与は一般職だった頃よりも3割減り、月の手取りは17万円となった。

しかし、本当の地獄はここから始まった。待遇が悪くなったことを受け入れ、それでもなお市役所に踏みとどまっていた若手・中堅の職員たち、破綻した町を再生させたいと厳しい環境を承知の上で夕張市に飛び込んできた新採用の若者たちが「耐えられない」と言って次々と辞めていったのである。

人事を統括する寺江さんはその一人ひとりの話を丁寧に聞き取ったうえで、退職願を受け取った。彼らは「まちの未来に希望を持てない」と口を揃えた。組織の維持管理のためには、一人の減員も避けたいところだったが、彼らの思いを知れば知るほど引き止めることができなかった。

夕張市が進めてきたさまざまな行政サービスの効率化策。職員たちは、市の再建のためには仕方がないと受け入れてきたが、住民たちは、市民生活に直結するサービスが次々に切り捨てられる一方で負担が増すという状況に嫌気がさして、次々に夕張の地を去った。人口の急激な減少は、自営業者の廃業や転出を招き、破綻から5年間で商工会議所の会員数は破綻前の300社から200社に減少。破綻前に243店あった商店数は2012年には114店に減った。人口流出は住民税などの税収の低下を招き、さらに行政サービスの切り捨てを迫られる「負のスパイラル」が続いていく。

夕張に残った住民は「全国最低の行政サービス」と「全国最高の市民負担」を強いられることになった。新たに入湯税やゴミ処理手数料などが導入される一方で、各種税金や公共料金も引き上げられた。破綻前と破綻後を比べると、市民税が3000円から3500円に、軽自動車税は1・5倍、下水道使用料は10立方メートル当たり1470円から2440円に引き上げられた。ちなみに下水道料金は東京23区の約2倍である。

その一方で、集会所や公衆便所や小中学校などの公共施設は次々に閉鎖され、残された公共サービスの水準も全国最低。老朽化した市営住宅を直すお金も、危険な廃屋を取り壊すお金もない。市職員は、「夕張の再建」という理想を持っていても、自分たちには何の裁量もなく、合理化以外には何もできなかった。職員たちの間には、「自分たちの仕事は一体何のためにあるのかわからない」という無力感が漂っているのだと言う。

「自治体としての責務は、市民の生活を安定的に継続させながら生命財産を守っていくことに尽きます。しかし、夕張市の職員は、その本来の自治体が果たすべき責務がやりたくてもできないのです。手をこまねいているうちに、どんどんどんどん人口は減り、街の活気がなくなっていく。

『これからの自分の人生を考えた時に、はたしてこの町に住んで頑張れるのか自信が持てない』。そういう思いに至るのは当然で、踏み止まって、何とか頑張ってきた10年15年選手が、次々辞めていきました。

蓄積した業務のノウハウも人とともになくなっちゃう。組織にとっては相当な痛手ですね。でも彼らの気持ちはよくわかりますから、何も言うことができない。破綻から10年間、複雑な思いでこういう人たちを見送ってきました。そういう辛い思いを毎年繰り返し経験してきたので……。中堅職員・若手職員の退職願を受理するっていうのはもう、僕的にはやっぱり耐えられないものがあります」

寺江さんは募る想いを包み隠さず話してくれた。

ともに夕張を支えてきた仲間たちの退職を10年間にわたり見送り続けてきた寺江さん。長年にわたる過大なストレスは彼の心身を蝕み、突発性難聴やめまいに襲われ、頻繁に通院する日々を送っている。インタビューの最中にも絶え間ない耳鳴りに苦しんでいる様子が見られた。

このままでは「第二の破綻」に

鈴木直道・夕張市長。東京都からの派遣職員を経て、夕張市長に立候補。全国最年少市長（2011年4月当時）として、市の再建の陣頭指揮に立つ（©NHK）

財政破綻から10年という節目の２０１６年、夕張市は地方創生を追い風に、「計画」に縛られた閉塞状態から一歩前に踏みだそうと動き出した。指揮を執るのは２０１１年4月に、当時全国最年少（30歳１ヵ月）で市長になった鈴木直道氏だ。埼玉県三郷市出身で夕張とは縁もゆかりもなかったが、転機となったのは２００８年。東京都から夕張市へ出向する派遣職員として職場で推薦され、期限付きのヒラ職員としてこの地にやってきたのだった。

１年の任期を延長し、２年２ヵ月夕張市役所で働いた後、東京に帰る年に市民から「あなたが市長選に立候補してほしい」と依頼を受けた。鈴木氏は、東京都職員という安定した職を捨て、先行きの見えない夕張市の舵取りを担うべく選挙に立つ。石原慎太郎・東京都知事や猪瀬直樹・都副知事（いずれも当時）が選挙カーに立って応援するなどの支援もあり、見事当選。現在2期目を務めている。

鈴木市長が就任した際に残されていた借金の総額は322億円。その2年後から利息に加え元金の償還が始まり、毎年26億円を14年間にわたって返済しなければならなくなった。一方、税収は年間8億円足らず。地方交付税の補塡があるとは言え、市職員の給与カットや住民サービスの徹底的な切り下げを行わなければ返済不可能な金額だ。

鈴木市長は言う。

「家計にたとえれば、500万円の収入で、食費・光熱費などを出して、そのうえ260万円もの借金を返済する感覚です。住民サービスはすでに徹底的に切り下げており、これ以上削れる事業はありません。財政再生計画は、夕張市の財政を建て直すことが最優先されており、夕張市民が負担に耐えられるかという観点が抜け落ちている。このままでは17年後（2027年）には財政再建できるかもしれないが、夕張市そのものが消滅してしまうかもしれないと思いました」

鈴木氏は、有識者による第三者委員会「夕張市の再生方策に関する検討委員会」を設置して、夕張再生の施策を検討してもらった。2016年、委員会が提出した報告書には緊縮一辺倒の市政に対する懸念が多数盛り込まれた。

「『最高の負担、最低のサービス』という表現が使われるところに人は来ない」

「『何を要望しても叶わない』という諦めムードが、住民生活に深い影を落としている」

「財政再生計画が終わった時点で、市職員、派遣職員ともいなくなり、組織が成り立たなくなっているのではという危機を感じる」

「夕張市は破綻から10年を経て、116億円の借金を返済してきた。しかし、夕張市全体が限界に来ていると感じた。何とかしなければ『2度目の破綻』ともいうべき事態になってしまうという切迫感を感じる」

委員会は、財政再建に配慮しつつも、住民からの要望の強い子育て支援サービスの充実、コンパクトシティ化を前提にした複合公共施設の整備、市職員の処遇改善などを織り込んだ見直し案を提言した。

市はこれを受け、緊縮一辺倒からの方針転換を国に訴えた。こうした熱意は国を動かし、2017年3月、財政再生計画の抜本的な見直しに国が同意。夕張市では、今残っている200億を超える借金は確実に返済していく一方で、町の再生のために必要な予算については実情に合わせて柔軟に使える環境が整った。財政破綻から10年。止まっていた時計の針を動かすことができるのか。人口が3割減少し、市職員が大量退職した夕張市にとってはまだまだ険しい道が続いていく。

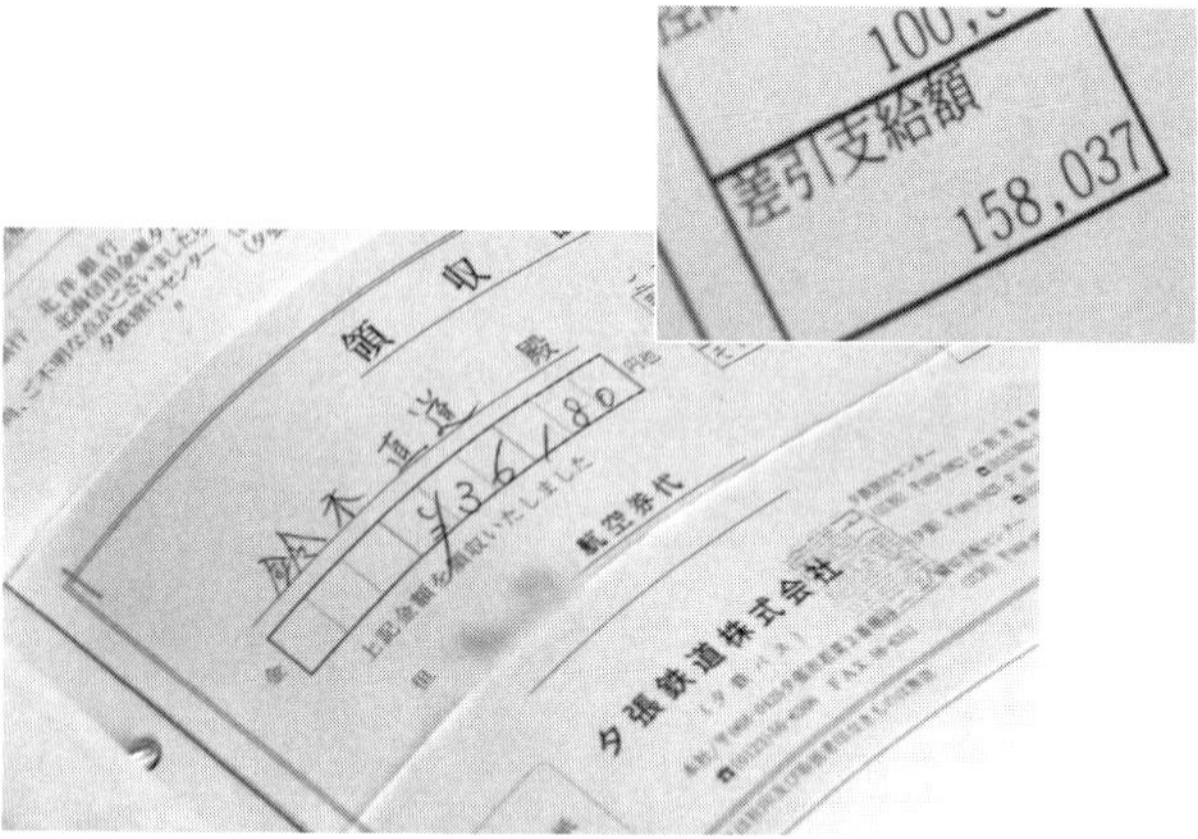

鈴木直道・夕張市長の給与明細（右上）。手取り額はわずかに15万8037円。東京への出張費もすべて自腹という（©NHK）

全国最年少市長の挑戦

それにしても、なぜ鈴木氏は、財政破綻した夕張市の市長になることを決意したのか。市長といっても、夕張市長の給与は70%もカットされ、当時都職員だった鈴木氏の年収よりも２００万円以上も低い。鈴木市長が取り出した給与明細に記載されていた１ヵ月の給料は手取りで15万８０３７円。しかも、公費からの交際費の出費は認められていないため、東京への出張にかかる航空券代やタクシー代など年間約１００万円をすべて自分で負担している。夕張市内に購入した自宅のローンを返済しているため、保育士として働いている妻の収入がなければ生活は成り立たない。

鈴木直道・夕張市長の高校3年生当時の写真

職員でさえもやりがいを見出せず去っていくこの状況にあえて飛び込み、留まり続けるのは一体なぜなのか。その原点だとして鈴木氏が取り出したのは、両親の離婚後に苦労を重ねていた時に撮影したという一枚の写真だった。写真には団地の前に、鈴木氏と母親が笑顔で並んで写っている。

当時、鈴木氏は高校3年生。前年の両親の離婚をきっかけに、母子家庭となり、母と姉との3人暮らしになった。家計に余裕はなく、写真に写っている公営団地に住む前は、低所得者向けの平屋住宅に住んでいたという。漫画『巨人の星』で主人公の星飛雄馬が住んでいたような長屋のボロ屋で、トイレも汲み取り式。隙間風が絶えず吹き込んでくるため眠れず、隙間に布を詰め込んだこともあったという。

「この写真はそのオンボロ平屋から団地に引っ越した直後に撮影した写真です。母親に付いていく形で姉とふたりで荷物を車に積める分だけ積んで引っ越して、もうとにかく毎日ご飯を食べるということを目標に皆で協力してやってきました。姉は進学していた短大を経済的な理由で中退して就職、母親も日中はパートで働いて、夜はコンビニや餃子店でバイト、私も通学前の早朝バイトと放課後のバイトに明け暮れ、家族が顔を合わせることもほとんどありませんでした」

鈴木市長が公務員になろうと思ったのも、母と姉と共に夜逃げ同然で家を出た時に、市役所に世話になったことが影響しているのだという。

「母子家庭になった私たち家族を支援してくれたのが市役所の方だったのです。それまでに行政には何の関わり合いもありませんでしたが、そういう局面になって、弱者を支援することを仕事にしている公務員の存在に人生で初めて気付きました。様々な支援を受けるなかで行政サービスの大切さを身に染みて感じました」

大学進学を家計の都合で断念した鈴木氏は猛勉強の末、東京都の採用試験を受けて、無事合格し、1999年4月から東京都の職員として働くことになった。夜間は大学に通いながらがむしゃらに働き、在職9年目に、当時副知事だった猪瀬直樹氏が、財政破綻した夕張に東京都職員を派遣するという構想を発表。鈴木氏に白羽の矢が立った。「夕張市に行けば、財政破綻により徹底的に効率化された行政の形が学べる。その経験はきっと東京都で働く際に役立つ」と考えた鈴木氏は、猪瀬副知事の要請を受け入れて、夕張市に出向することになった。この経験が、彼の人生を大きく変えることになる。

「夕張は財政破綻でバッシングされ、市民の皆さんもいろいろ苦労して、大変な思いをしながらここで生活してきました。市職員として2年働いてみて、何か役に立てるかもしれないという思いもあったし、『こういう事をやればいいんじゃないか』というアイディアもあった。夕張市長の仕事は大変厳しいものですが、あのオンボロ平屋で必死に暮らしていたときと比べれば、正直、全然キツくない。そういう意味では原点なのかなとは思いますね、この写真の時代が」

鈴木市長はそう語った。

財政破綻が招いた「命の格差」

現在2期目の鈴木市長が力を入れているのが子育て支援だ。人口が急減する夕張市では、将来を支える子どもたちを守ることは最優先すべき課題である。

鈴木市長は2013年、未就学児の医療費無償化を実現させた。財政再生団体という、自由に使えるお金がない状態の夕張市にとっては画期的な出来事だ。副市長ポストを廃止することで浮いた人件費を財源にあてると説明してどうにか国の理解を取り付け、勝ち取ることができた。さらに、土地代を大幅に値下げすることによって子育て世代が多く働く民間企業の誘致にも成功した。

しかし、それでも夕張市では子育て世代の流出に歯止めがかかっていない。住民が行政サービスの悪い夕張ではなく、夕張近隣の自治体に居住し、夕張までマイカー通勤しているからだ。

誘致した企業へと続く道路は毎朝、通勤のために周辺自治体からやってくる人たちの車で渋滞が起きている。近隣の自治体では、子どもが遊べる広い公園や小児科のある病院が整っている。

夕張市に限らず、人口減少に直面する自治体がなんとしてもつなぎ止めたいのが、子育て世代だ。勤労世代である彼らは住民税を払い、将来につながる子どもたちを育ててくれる。自治体消滅の危機を免れるには、こうした子育て世代の獲得が必要不可欠だ。そして限られたパイの奪い合いは熾烈を極めている。

財政破綻した夕張市が、近隣自治体と子育て支援サービスの充実を競い合っても勝ち目がなさそうに見える。それでも、私たちが取材を通して出会った夕張市の大人たちは、必死で子どもたちを守ろうと力を尽くしていた。そこにあるのは「財政破綻した自治体であることを理由に子どもたちを犠牲にしてはならない」という、他の自治体では考えられない意地と決意だ。

八柳《やつやなぎ》千春さん（38歳）は夕張市内の保育園で働く保育士だ。私たちが彼女に最初に出会ったのは夕張市の将来戦略について話し合う市主催の市民会議の場だった。園児と一緒に近くの公園に行っても、遊具が錆びつき近付けないようにロープが張られていて、草の上で走らせることしかできない。「高い遊具を買ってほしいわけではないので何かできることはないだろうか」と訴えた。八柳さんが働く保育園を訪ねるとその発言に込められた切実な思いが見えてきた。

その保育園の建物に入ると、老朽化した外観に不釣り合いなほど明るくきれいな印象を受ける。保育士たち自身で手作りした部屋や廊下の飾り付けがよくできているからだ。この日、八柳さんは子どもたちと一緒に牛乳パックを使って工作をしていた。楽しそうに作っていたのは部屋を区切るための間仕切りだ。購入する費用を捻出できないため自分たちで作ることにしたのだという。子どもたちの明るさに自分たちは救われているのだと八柳さんは話す。

老朽化で使えなくなった滑り台。雨が降ると天井から漏ってくるため下に置かれたバケツ。壁にあいた穴から吹き込んでくる冬の隙間風。子どもたちはそれを我慢するというよりはむしろ楽しさに変えて日々を過ごしている。「寒かったら、じゃあ体動かして遊びに行こう」「外行って走ってくればいいじゃん」と笑い飛ばしてくれる子どもたち。つらい思いをさせているのではないかと思うことがあっても前向きにやっていけるのは子どもたちのおかげだという。

八柳さんには、保育士として働くのを諦めた過去がある。きっかけは市の財政破綻だった。8年間勤めていた市立の保育園での仕事は、半年ごとのパート契約にしてほしいと告げられ、時給は800円となった。しかも一日の労働時間が4時間に制約され、生活が成り立たなくなったのだ。いったんは市外に出て働いたが、どうしても夕張市で保育士として働きたいと希望し、正職員としての職を得ることができた。八柳さんは自分の生まれ育った夕張で子どもたちを育んでいくことにこそ、喜びを感じている。夕張には顔が見える人付き合いがあり、誰も見返りを求めないし困っていたら助けてくれる。自分が理想とする温かい保育がここにはあるのだという。

八柳さんと子どもたちが工作に励む空間を切り裂くように大音量の非常ベルが鳴り響く。避難訓練だ。この保育園では毎月、地震や火災に備えて訓練を行っている。幼い子どもたちの中には不安から泣き出す子もいるが、そんな子どもたちを先生たちはテーブルの下に導き、「ダンゴムシになるんだよ」と呼びかける。子どもたちは頭を両手で覆ってじっと丸くなる。

この保育園は築40年。現在の建築基準が整えられた1981年（昭和56年）よりも前に建設されており、耐震基準を満たしていない。市内の4つの保育園はすべて同じ頃に建てられており、基準を満たしているところは一つもない。運営している市保育協会も安全性を十分に担保できていないことはわかっているが、耐震化工事を行うだけの財源がないという。

同じ状況は全国で起きている。実は全国の幼稚園・保育園の約2割は耐震基準を満たしていない。厚生労働省は耐震基準を満たしている割合を自治体ごとにホームページ上で公表している。大企業の城下町のような財源に余裕のある自治体はもちろん100％満たしている一方、そうではない自治体も少なくない。目に見える形で明らかになっているこの自治体間格差は、財政の格差なのだろうか。子どもたちに懸命に呼びかける八柳さんと頭を手で隠す子どもたちの姿が頭をよぎる。これは、子どもたちの「命の格差」になってしまってはいないだろうか。

夕張市民であることを隠す子どもたち

同じ頃、鈴木市長肝煎りの部署・まちづくり企画室の佐藤学主幹も子どもたちを守るための戦いに挑んでいた。きっかけは夕張市内の中学3年生を対象に市が行ったアンケート結果だった。これまで夕張市の子どもたちは地元の小学校、中学校、高校へと進学するのが当然と考えられていた。市外の学校は通学するには交通の便が悪いこともあって、夕張中学校から夕張高校への進学率は財政破綻以降も8割を超えていた。

ところが、今回のアンケートで希望する進学先をたずねたところ、夕張高校を選んだ生徒がわずか3割にとどまったのである。なぜ夕張高校を選ばないのか、という問いに対しては「まちの将来に不安がある」「早く夕張を出たい」といった声が相次いだ。中には子どもの進学をきっかけに家族ぐるみで引っ越ししてしまうケースも出てきていた。

これまで道立の夕張高校に対して何の支援も行ってこなかった夕張市。佐藤さんは、このまま生徒数が減少すれば閉校になりかねないと感じていた。高校が閉校になった自治体で聞き取りをしてみると、人口減少が一段と加速した悲惨な現実があったという。さらに、生徒たちが夕張高校を選ばない背景には人口流出を加速させること以上の深刻な意味があった。

市外のスポーツ大会で小学生が夕張のチームであることを隠そうとしたり、大学生が町を出ていっても自分が夕張出身であることを話したがらない。子どもたちは、夕張市民であることを恥じている――そんなショッキングな話も伝わっていた。佐藤さんが最も恐れていた「子どもたちを犠牲にしている」という事態が現実のものになっていた。

夕張市は、子育て世代の親たち、夕張高校の教師たち、子どもたちに話を聞き、さらに調査を行った。見えてきたのは「希望する進学先に進めないのではないか」という生徒たちの不安。そして、「生徒数が減ったことで部活動に十分に取り組めない」という不満だった。

夕張市は財政再生計画にがんじがらめに縛られており、財源もない。市民の市役所に対する期待や信頼は著しく低く、「何を言っても無駄」という冷め切った雰囲気が支配していた。そんな中、「まちづくり企画室」が打ち出したのが夕張高校とその生徒に対しての学習支援と部活動への支援である。

遅まきながら、こうした対策に乗り出したのは、夕張高校を存続させて、卒業生に夕張を支える人材になってほしいとの目論見があるようにも見える。

しかし、佐藤さんは、これをキッパリと否定。一連の施策は、子どもたちを引き止める策ではなく、勝負したいという子どもたちを後押しするための施策だと説明した。

「子どもたちを夕張にとどめようとして、なにか金銭的な調整で子どもたちを囲い込むのはどうかと思います。むしろ、僕の気持ちとしては『どんどん出ていってくれ』ですね。

夕張で育った子どもたちは、財政破綻とかヤミ起債問題などで夕張市が厳しく批判される中で、頑張ってきた。そんな子どもたちだからこそ、そういう課題を……未来の課題を語ることができる。

彼らには外にどんどん出ていって、他の地域に住む人とどんどん議論して、『夕張の何が駄目だったのか、何が優れているのか』考えてほしい。確かに、人口は1人欠けるのも痛いんですよ。いまの夕張には……。でも、帰ってこなくても、どこかで夕張と繋がってる人が絶対にたくさん必要で、そういう人になってほしいんですよね」

この国が抱える課題の最前線を生きる子どもたちだからこそ、外に出て何かを身につけてきてほしい。佐藤さんの言葉は、子どもたちを引き止めようと躍起になっている自治体にとっては、破綻自治体担当者の開き直りや泣き言に聞こえるかもしれない。しかし、「縮小の時代」に自治体がやるべきことは子どもたちを引き止めることだけではない——。少なくとも夕張を長期にわたって取材してきた私たちには、彼の言葉は説得力があるように思えた。

鈴木市長が迫られる「究極の選択」

子育て支援に力を入れる鈴木市長にとって、耐震基準を満たしていない保育園の安全確保も、存続が危ぶまれる夕張高校を支援することも、是が非でも実現したい施策だった。しかし財政再生団体になった夕張市には、その両方に予算をつけるだけの財源はない。判断を迫られた鈴木市長は、夕張市の現状を〝ハンドルの遊びがない究極の自治体〟だと表現した。どちらかに舵を切ったら、そちらしかできない。住民の悲鳴はその両方から聞こえているのに、どちらかにしか手を打てないというのである。

悩んだ挙げ句に、鈴木市長が選んだのが「夕張高校の支援」だった。

2016年春。夕張市内の、廃校となった校舎に、大学進学を目指す夕張高校の生徒たちが集まっていた。2泊3日の勉強合宿。指導を受け持つのは道内の大手進学塾の講師である。鈴木市長と面識のある塾の経営者が夕張の高校生を応援したいとボランティアを買って出た。宿泊や食事にかかる費用の一部は市が負担する。鈴木市長は、新年度の予算の中で高校への支援を盛り込んだ。老朽化した保育園については、現状では耐震基準をクリアする工事を行うことはできないが、市内の全保育園が同じ状況にあることを踏まえて、5年後に認定こども園を市の中心部に新設することを目指すことになった。

こうした市のビジョンが見えてきたことを受けて、八柳さんはじめ市内の全保育園から保育士や管理職が集まり、新しい園に何を求めるのか、それぞれの園で実施した意見集約の結果を報告し合っていた。

「子どもたちが身体を十分に動かすことができる遊具がほしい」

「冬は水が冷たいのでお湯が出る流しがほしい」

「スペースを分けて子どもたちが遊べるように間仕切りがほしい」

何一つ過大な要求はなく、都会の保育園では当たり前のように実現されていることだ。しかし夕張市の保育園では、この当たり前の要望すら簡単には実現できない。

それでも、真剣に話し合う保育士一人ひとりの表情を見ていると、「温かい保育、理想の保育がここにある」という八柳さんの言葉がよみがえり、夕張の大人たちは子どもたちを破綻の犠牲者にすることはないはずだ、という気持ちになる。

ある保育園の園長は「せめて雨漏りを補修する費用は市で工面したい」という市長の申し出に対して、雨漏りは自分たちでなんとかするので、そのお金は認定こども園建設のために積んでほしい、と答えたという。

縮小ニッポンでさらに拡大する自治体格差

第2章と第3章では、財政危機に瀕した夕張市を舞台に、破綻した地方自治体とその住民がどのような苦難に直面するかを見てきた。現時点では、夕張市以外には「財政再生団体」になった自治体は存在しない。ある意味で突出した事例ではあるが、はたして、他人事と済ますことができるだろうか。

図3－1をご覧いただきたい。これは、地方自治体がどれほど地方交付税に依存してい

□：1円未満(不交付団体)
□：1円以上7万5915円未満
■：7万5915円以上13万5169円未満
■：13万5169円以上22万1418円未満
■：22万1418円以上37万7841円未満
■：37万7841円以上210万717円未満

図3-1　地方交付税依存度マップ
市町村ごとの地方交付税の額を人口で割った「一人あたりの地方交付税額(円)」を6段階に分けて表示した。依存度が高まるつれて、濃度が増す。地方交付税は総務省の「平成27年度普通交付税の算定結果」、人口については総務省の「住民基本台帳に基づく人口、人口動態及び世帯数」(平成27年1月1日時点)をもとにしている
「選挙と政治のニュースメディア Vote.jp」
http://thevote.jp/watch/2016/03/h27koufuzei/ より転載

るかを示す「地方交付税マップ」だ。濃い色の地域は地方交付税への依存度が高く、色が薄くなるにつれてその割合が下がる。無色になっている市町村は「不交付団体」と呼ばれる、地方交付税の配分対象になっていない自治体である。

地方交付税は、自治体間の税収の格差を埋め、どこでも一定の水準の行政サービスを維持できるようにするために国が配分する税金だ。人口減少によって自治体の税収が減っても行政がきちんと機能し、そこに住む住民の暮らしが守られるのはこの再配分の仕組みがあるからだ。逆に言えば、収入の多くをこの地方交付税に頼っている自治体ほど、縮小ニッポンのひずみが足元に迫り、危機感をもっているはずである。

地図を見てまず目につくのは、色の濃い地域が広範囲にわたる北海道だ。2015年に実施された最新の国勢調査で全国最多の12万3000人が減った。

北海道の自治体にとって、夕張市の財政破綻は「対岸の火事」ではない。人口減少による税収の急激な低下がもたらす危機をどこよりも早く実感しているはずだ。そう考えた取材班は北海道の全179自治体を対象にアンケートを実施し、その9割以上にあたる166の自治体から回答を得た。

このアンケートを実施するにあたって、放送する際には自治体名を公表しない、ということを約束した。自治体が直面している問題の深刻さと行政の本音を引き出したかったたからだ。

　その結果、返ってきた回答用紙には、とても住民の前では口に出すことのできない、現役の自治体職員たちの強い危機感が綴られていた。

「自治体として生き残れるのか、仮に生き残れたとしても健全に行財政運営ができるのか非常に危機感を持っている」

「人口減少の結果、税収だけではなく国民健康保険の運営に支障が出ていて、住民生活に影響を及ぼしている。脆弱な財政基盤の中では限界がある」

「地域経済は低迷の一途をたどり、税収の落ち込み、年金・医療・介護等の社会保障費の負担増など、過疎地域の小さな町村は自治体で（著者注：行政サービスを）維持することが困難になる。手立てを講じることができず、大きな危機感を感じている」

「これまでと同様の行政サービスを享受するには行政が自助努力を行ったうえで、住民にもこれまで以上の負担を求めることになり、住民に理解してもらえるかが課題。理解が得られなければ行政サービスの低下もやむを得ない」

「今後の人口減少や財政規模の縮小を考慮すると、現状の公共サービスを続けていくことは非常に困難。特に、保有している老朽化した公共施設を将来にわたって維持することは困難であり、公共施設の縮減に取り組む必要がある」

「地域コミュニティが維持できないため、集落が維持できなくなる予想。高齢化により地域の担い手が不足。補う行政職員の数も限られており限界が見え始めている」

アンケートで現状の行政サービスを今後維持し続けることができるのかについてたずねたところ、水道については67％、道路については58％、学校については59％の自治体が「現状を維持することが困難である」と回答した。さらに、78％の自治体は「今後の人材確保に不安がある」と回答。複数の自治体ですでに欠員が生じ、本来必要な職員の確保ができていない状況にあることがわかった。

北海道の自治体職員がアンケートに綴った悲鳴のような書き込みを見ていると、程度の差こそあれ、各自治体は、財政再生団体になった夕張市と共通する構造的問題を抱えているように思える。

前述したように、これまでも人口の偏在は自治体の税収に大きな格差を生んできたが、地方交付税や過疎債（過疎地域振興のために使うことができる国からの借金）がその格差を埋める役割を果たしてきた。しかし、日本全体の人口が減少に向かう中、「一人勝ち」と呼ばれてきた東京都ですら財政的な余力が失われつつある。過疎化した地方が都心部に依存する仕組みはいつまでも維持できるものではないだろう。

地方自治体の財政格差を埋める仕組みが機能しなくなれば、すでにある顕著な格差がさらに拡大することになる。はたして、自治体間格差をどこまで許容するのか。

鈴木市長は、格差があってはいけない生存権ですら、すでに明らかな格差が生じつつあると危惧する。

「子どもたちの医療費の無料化ひとつとっても、北海道で言えば、たとえば南富良野町と、夕張市とでは、あまりにも受けられる行政サービスの水準が大きく乖離しています。南富良野町は大学まで子どもにかかる医療費は無料です。南富良野町には大学はありませんから、親が南富良野に住んでいれば、東京の大学に行っている子どもでも医療費はいっさいかかりません。一方で、夕張市では、6歳未満の未就学児だけしか医療費が無料になりません。命にかかわる医療で、これほどまでの格差が広がるのは、私には『何か間違っている』ように思えてなりません。夕張市民は、夕張市の市民であると同時に日本の国民なんです。

自治体の間で、提供するサービスの質で競争があることは悪いことではありませんが、『あの自治体がやるなら、うちも……』のような無料化合戦についてはどうかと思います。生存権にかかわる行政サービスについては、国が一定の指針を示して、地方でも都会でも同じ水準のサービスが受けられるように、ある程度の財政措置が必要ではないでしょうか」

懲罰的ともいえる財政再生計画で住民と市職員が疲弊し「第二の破綻」の危機に瀕して

いる夕張市。課題先進地のトップが投げかけているのは、国による一つの〝線引き〟の必要性だ。日本全体が縮小していくことを前提に、この国はどこまでの公のサービスを最低ラインとして守り続けるのか。そして、あまりにも激しい自治体格差がある場合には、その是正のために、やはり国が何らかの調整を行う必要があるのではないか。

一方で、これまで格差解消のエンジンとなってきた都市部の財政的な余力が落ちている。はたして、都市部の住民の負担をさらに高める調整が認められるのだろうか。問題はますます難しさを増している。

第４章

当たり前の公共サービスが受けられない！

住民自治組織に委ねられた「地域の未来」（島根県・雲南市）

これまで、東京23区のひとつでありながら「消滅可能性都市」に名指しされた豊島区や、10年間で人口の3割が減少した北海道夕張市の苦悩を見てきた。とは言え、前者は、あくまでも何年後かにこうなるかもしれないという未来の予想であり、後者は財政破綻が引き金になった人口減少である。いずれも「特殊な例なのでは？」と思われる読者もいるかもしれない。

では、いわゆる〝普通の地方〟では今、実際、何が起きているのか。ＮＨＫスペシャル『縮小ニッポンの衝撃』取材班は、松江放送局と広島放送局のディレクターからなる混成チームを作り、島根県の地方自治体の取材に着手した。

縮小ニッポンの未来図を映し出す島根県

島根県は、「過疎化が進んだ県」「全国で2番目に人口が少ない（最も少ないのは鳥取県）」など「人口減少」にまつわる説明がついて回る。日頃、中国地方を取材で駆け巡っている私たちも、人口減少率が高い地域であるという認識を持ってはいたが、それが何をもたらしているのか、正確に把握していたわけではなかった。しかし、取材を進めるほどに、ある確信へと変わっていった――島根県は「縮小ニッポンの未来図」であると。

国土交通省が試算した２０５０年の人口シミュレーションによると、島根県内で２０１

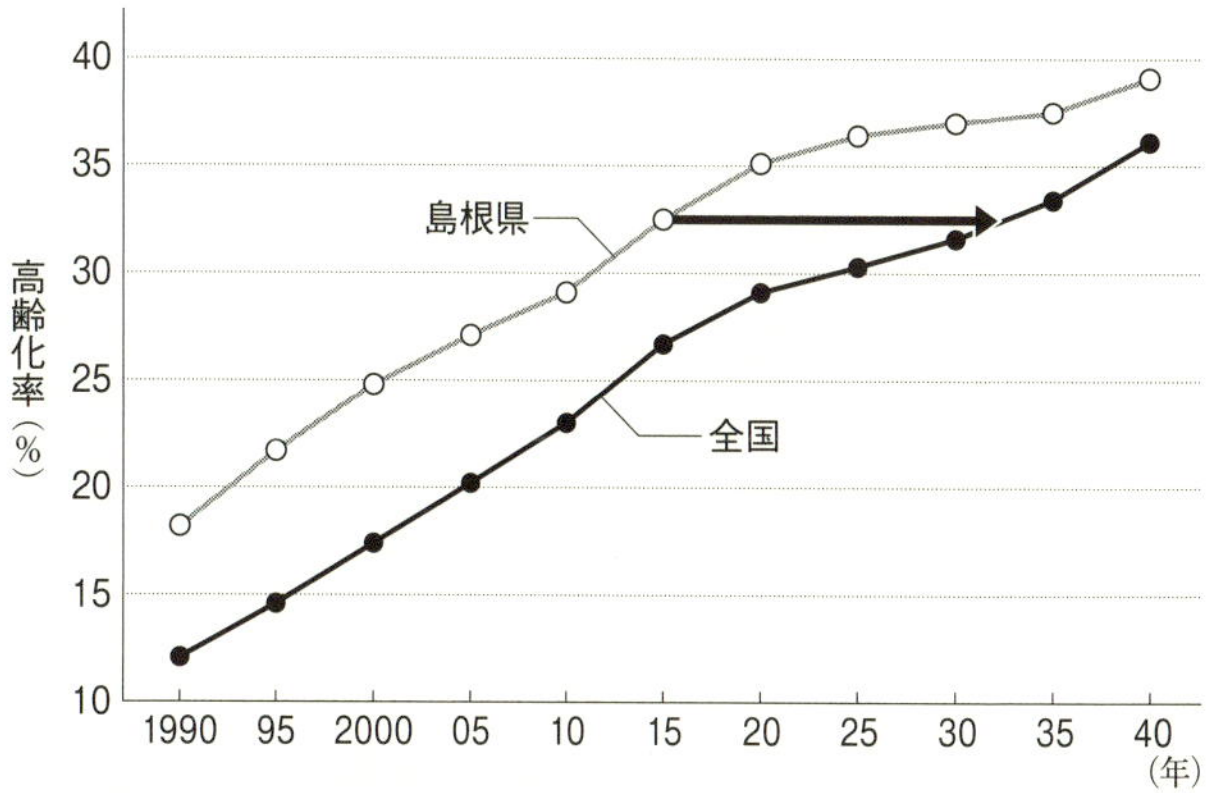

図4-1　高齢化率（島根県、全国平均）
2010年までは総務省「国勢調査」、2015年は総務省「人口推計（平成27年国勢調査人口速報集計による人口を基準とした平成27年10月1日現在確定値）」、2020年以降は国立社会保障・人口問題研究所による推計結果をもとに作成

０年時点で人が住んでいるエリアのうち、77％で人口が半数以下になり、そのうち29％は人が住まない「無居住化地区」になると予測されている。半世紀以上前から人口減少対策を最優先課題としてきた地域にとって、あまりにもショッキングな試算だ。

しかし、このシミュレーションは決して「島根県という限られた地域の問題」ではない。２０１６年に発表された国勢調査の結果によると、島根県の65歳以上の人口の割合を示す高齢化率は32・５％。国立社会保障・人口問題研究所の推計によると、現在26・６％の日本の高齢化率は、20年後には33・４％に達する（図４－１）。つまり、今の島根県は、20年後の日本の姿をある意味先取りしているのだ。まさに、縮小が進むニッポンの未来図が島根県にあるともいえる。

ムラが消えていく　最前線のリアル

〝ニッポンの未来図〟を示す島根県で今、何が起こっているのか。私たちはその最前線を取材するため、専門家や行政担当者へのリサーチを始めた。すると、取材の中で出会ったある研究者から、「ここは絶対に見ておいた方がいい。もしかすると、日本の近い将来の姿かもしれないから」と紹介された集落があった。島根県江津《ごうつ》市の「瀬尻《せじり》集落」というところだ。しかし、ゼンリンの住宅地図にもグーグルマップにも載っていない。市役所に問い合わせたところ、11年前に廃村になった集落だということが分かった。では、どうすればそこにたどり着けるのか。さらに調べると、今は住んでいないが、この集落に通い続ける女性がいるという。嘉戸《かど》清子《きよこ》さん、85歳だ。２０１６年5月、嘉戸さんに連絡をとってみると、ちょうど田植えのために集落に行くので案内してくれると言う。早速、松江市から車で2時間ほど西に位置する江津市へと向かった。

待ち合わせ場所は、ＪＲ江津駅から車で20分、中国地方最大の江《ごう》の川を河口から遡ったところにある駐車場だ。朝10時、娘さんが運転する車で、嘉戸さんはやってきた。「おは

取材班は小船に乗って、島根県江津市の「瀬尻集落」へと向かった（ⒸNHK）

ようございます。嘉戸清子です。遠いところをようこそ。さあ、行きましょうか」。小柄だが、とても85歳には見えないバイタリティー溢れる嘉戸さんは、急《せ》かすように川の方に降りていく。こんなところに集落があるのか、と思ってついていくと、岸に小さな渡し船が停めてあった。

「さーさー、乗って乗って」

息子の晴尚さんが操縦する小船に嘉戸さんとディレクターとカメラマンが乗ったらもう満員の大きさだ。「では、出発しますよ！」。エンジンが爆音を立てながら、船は進み始めた。周りを見ると、道路が見えない。あるのは山と川だけ。まるで、アマゾンの森に来たかのようだ。船に乗ること5分、あっという間に対岸に着き、船を下りた。目の前に、視界が覆いつくされるほどの竹藪が茂る。「川から集落を守るための竹が、今や集落を食べようとしているわ」。嘉戸さんはそう呟きながら足を進めた。

竹藪を抜け、たどり着いたのは人気《ひとけ》のない小さな集落。地図から〝消えた〟瀬尻集落だ。空き家が2軒。崩れ落ちた廃墟が1軒。他の家屋は林の中に埋もれ、その姿を確かめることもできない。田畑らしき土地も荒れ放題だ。実は、この集落には、道路もつながっていて陸路でも来られるが、今は道も荒れ果て、船で来た方が楽らしい。

「昔は集落中に子どもの声が鳴り響いて、本当ににぎやかでしたよ」。ここで一男二女をもうけ、一家10人で暮らしていた嘉戸さん。集落にはかつて15世帯ほどが暮らしていたという。特に忘れられないのが「子どもの日」で、ごちそうを持ち寄ってみんなでお祝いしたと、嘉戸さんは笑みをうかべながら説明してくれた。しかし、産業の変化により稼ぎ口がなくなったことや交通の不便さなどから、一軒、また一軒と集落を離れ、残った人も亡くなり、住民は徐々に減っていったという。「若い人がみな出稼ぎに出られて、年寄りばかりが残るようになって。年寄りが死んでいくと家が無くなってという感じがずっと続いてね」。2004年、最終的に4軒になった時に、全世帯で話し合いが行われた。「どうのこうの頑張ってきたが、亭主が死んで、もうやれんからここを出よう」。「空いた家ばかりになってしまった、もういつまでもここにいられない」。先祖代々継いできた土地や家屋をギリギリまで守りぬいた人たちが、自らの意思でその歴史に終止符を打たざるを得なくなったのだ。1年後の2005年4月8日、嘉戸さんの一家を含めた最後の住民たちがいっせいに集落を去り、瀬尻はその歴史に幕を閉じた。

「泣きたいほど帰りたい日もありますよ。故郷の集落が消えるというのは自分の手足が切られるようです」。現在は、市内中心部にある娘の家で暮らす嘉戸さん。できるならば、今でも集落で暮らし続けたいと本気で思っていると言う。

「昔の面影はもうない。あきらめはついているんだけど、やっぱりここに帰ってきたいという思いが今もあります。もう私が守りたいと言っても仕方がないから歯がゆいんだ。子どもたちも、何かあったら心配だから、ここにはできるだけ来るなと反対するし」

それでも、せめて先祖代々の田んぼや畑で作った米や野菜を子どもや孫たちに食べさせたいと、今でも農作業のためにここに通い続けている。

実際、今でも定期的にこの集落を訪れているのは嘉戸さんだけ。ところが、それも今年で最後になるかもしれないと言う。一体、なぜなのか。取材中、私たちはその理由を知ることができた。

「あっ、サルだ！　サルがいる」。森の中から現れたのは、2匹のサル。屋根の上で我が物顔で遊んでいる。サルのほかにもシカやイノシシ、タヌキによる田畑の被害が年々酷くなっているという。「もう人間が暮らすところじゃないですよ。どうしようもないですよ。

人が住まなくなり、サルやタヌキなどの野生動物に占拠された島根県江津市「瀬尻集落」（©NHK）

あきらめるしかないんです」

この日は、里芋の植え付けと田植えの準備をした嘉戸さん。亡き夫が好きだった盆栽が植わっていただろう空の鉢と、茂った草の中にぽつぽつ咲いている花の色に目をやってから集落を後にした。

今、島根県には、瀬尻集落のような状況の場所はどれくらいあるのか。その実態を把握するため、私たちは、県内全19市町村にアンケート調査を行うことにした。見えてきたのは、数多くの集落が、消滅の一歩手前にあるという衝撃的な事実だった。まず、65歳以上の高齢者が半数以上、残っている世帯が20戸未満を示す「限界的集落」の数を集計すると、県内に計442ヵ所。そのうち、さらに深刻な、高齢者が7割以上、10戸未満の「危機的集落」がどれくらいあるのか、アンケートで挙げられた集落の数を集計してみると、84ヵ所にも上ったのだ。さらに、私たちはもう一歩踏み込んだ質問もした。「Q：今後10年以内に人が住まなくなる可能性がある集落はいくつあるか？」。結果は、県内22ヵ所。しかし、各自治体の担当者は、「集落の名前が、もし報道されると住民を不安にさせてしまうため、その場所は教えることはできない」と、数のみの回答にとどまった。

島根大学教授・作野広和氏による調査では、戦後から現在までに島根県内では、82の集落が無住化したと報告されている。ただし、その多くは高度経済成長に伴い若者が流出することによって起きた「昭和の過疎」の時代のもので、平成に入ってからの無住化はわずかだという。とすると、今、県内で起きようとしているのは、新たな段階の〝消滅〟なのではないか。

歯止めのかからない人口減少のはじまり

今回、私たちが独自に、県が発表してきた人口データを分析すると、人口減少の原因に変化が起きていることが分かった。通常、人口減少の要因は2つに分けられる。一つは「社会減」。つまり、県外へ流出する人の数が県内に流入する人の数を上回ることによる人口減少だ。もう一つは「自然減」。亡くなる人の数が生まれる人の数を上回ることによる人口減少を指す。島根県はこれまで主に「人口流出に伴う社会減」が人口減少の主な要因であった。しかし、１９９2年、死亡者数が出生者数を上回って以降、自然減による人口減少の割合が年々増加。２００8年以降は毎年、社会減による人口減少よりも、自然減による人口減少の方が大きい数を示すようになった（図４－２）。つまり、どれだけ人口流出対策をしても、それ以上の人が亡くなっていく、根本的な人口減少が始まっていることが浮き彫りになったのだ。

逃れようのない人口減少社会の中で、自治体そのもののあり方にも変化が現れ始めていることが見えてきた。今回、私たちが県内全19市町村に行ったアンケートでは、特に「行政サービスのあり方」について、現場で直接地域振興に携わる職員から厳しい実態を訴える声が寄せられた。

「今まで行政が抱え込んできた公共サービスは、複雑・多様化が進み、さらには行政のスリム化（職員数の削減や財政の縮小等）により、あまねく抱えていくことが困難になりつつある」

「今後も人口減少、税収減が続くことは避けられず、行政としてはさらに大きな行政改革が必要。高齢化が進み集落の自立機能も下がっており、それを補完する行政サービスの期待もあり、非常に難しい行政運営を迫られている」

「これまでのような行政主導、行政主体の行政運営が限界を迎える」

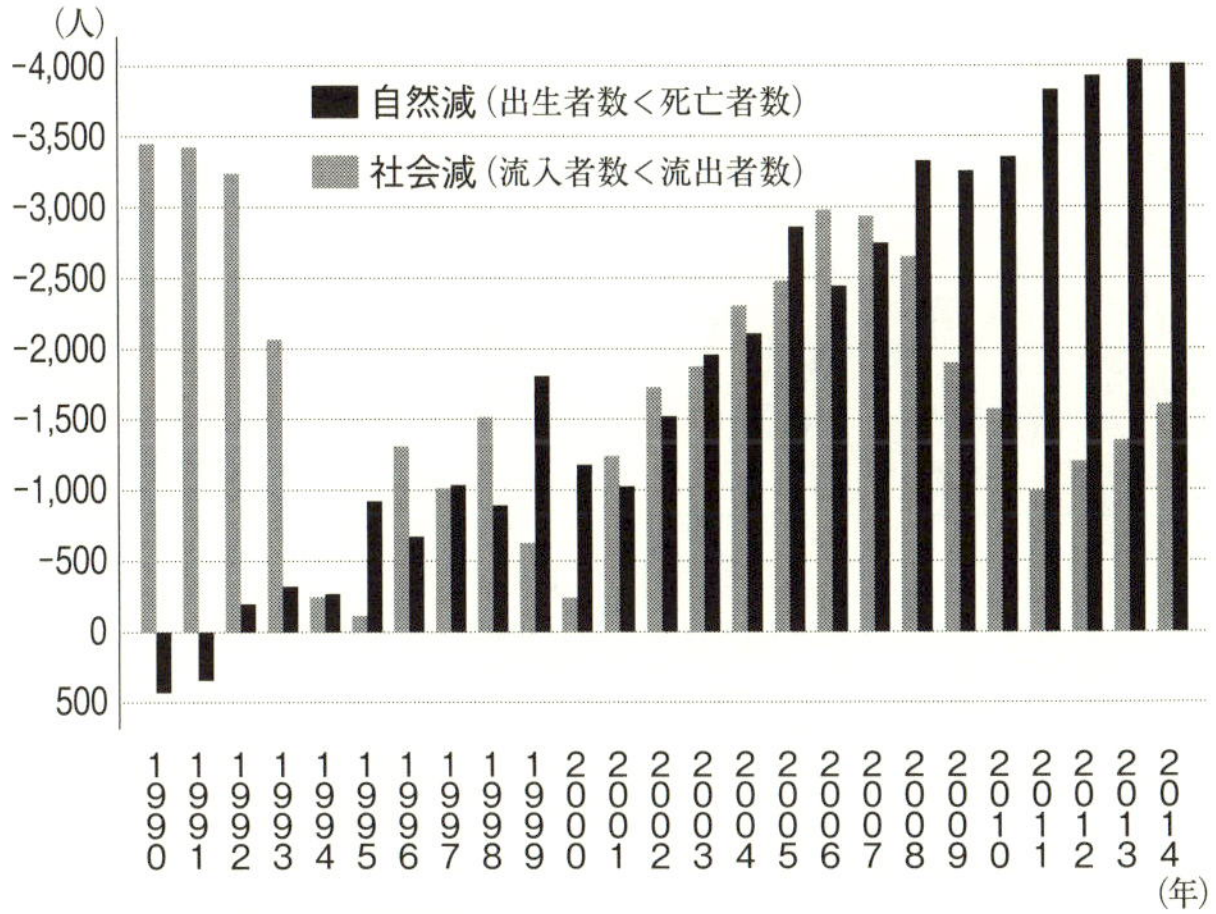

図4-2　島根県の人口動態

「人口減少や高齢化による税収等の減少や行財政改革による職員数の減少など課題解決に向け十分な体制がとれる状況にない」

「生産年齢人口の減少によって、税収が減少する一方、老年人口の増加に伴う社会保障費などの扶助費が増大。次代の担い手となるべき年少人口が少なくなっていくことで、今後この流れはさらに加速していく」

このままでは、これまで通り行政があまねくサービスを提供し続けることができなくなるというのだ。特に公共交通や医療機関などについては、現状のままのサービスを維持することが難しいとの回答が多く、対応を迫られていることが分かった。

住民に委ねられ始めた公共　〝当たり前〟のサービスはもうない

　どうすれば、住民たちの生活の質を保つことができるのか。島根県内の多くの自治体がその対応策として提示したのが「住民との〝協働〟」だ。住民たちの自主性を頼りに、「自分たちでできることは自分たちで」のスタンスで、行政だけでは担いきれないサービスを補っていってもらおうという考えだ。

　そのひとつ、一部の公共交通を住民が担っている地域があると聞き、取材した。訪れたのは島根県の内陸部に位置する飯南町《いいなんちょう》の谷地区。人口およそ230、そのうち65歳以上の人の割合が45％を占める典型的な過疎地域で、多くの高齢世帯が山間《やまあい》に点在するように暮らしている。

　8年前、地区内の幹線道路から外れたエリアを走る町営の巡回バスが、採算が合わずに撤退。ちょうど同時期に町からの提案を受け、巡回バスの後を引き継ぐように地元住民のボランティアによるデマンドバスの運行が始まった。町は車両を提供し、運転や運行スケジュールの管理などはすべて住民たちが担う仕組みだ。1回の利用で乗客が支払う運賃は燃料代にあたる200円。地区内に病院や買い物ができる場所はなく、車を運転できない住民たちにとって欠かせない存在となっている。現在ドライバーに登録しているボランティアは14名。中には70代のボランティアドライバーもいるという。曜日ごとに担当を決め

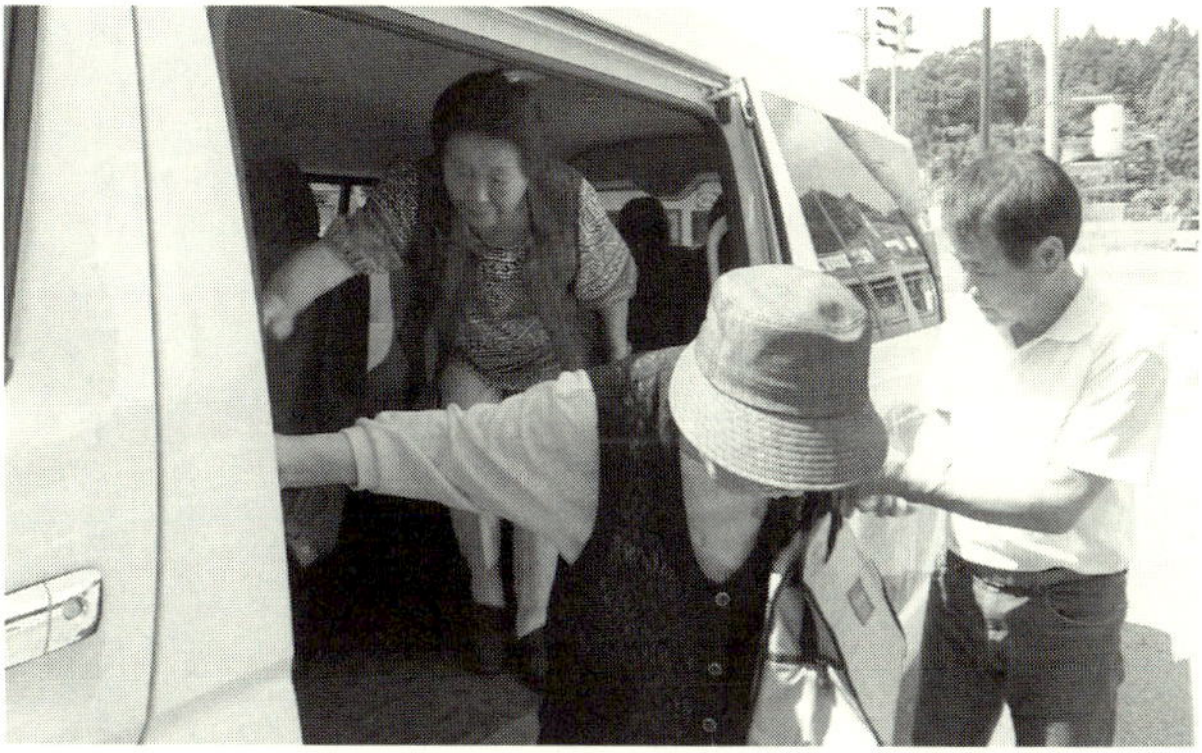

地元住民がドライバーになって運行するデマンドバス（©NHK）

ているが、それぞれ農業などの仕事をしながらの担当のため、負担は決して小さくない。それでも、私たちが訪れた日、運転を担当していた住民は、率直な想いを語ってくれた。

「見て見ぬ振りをしても、そのしわ寄せは弱いところにくる。自分たちで担えば、住民目線でよりきめ細かなサービスができる。負担して分け合って、協力してやっていく時代じゃないですかね、今は。幸いここは昔から〝助け合いの精神〟が培われている地域だから」

担い手である住民たちが嫌な顔ひとつせずにこの状況を受け入れていることに感激した一方で、〝助け合いの精神〟を合言葉に、これまで私たちが当たり前であると思っていた身の回りのサービスが、じわりじわりと住民の手に委ねられかねないのだという時代の変化を感じた。

縮小社会の未来が住民組織に託された

多くの自治体が、これからの地域を支える重要策として挙げた住民との「協働」の仕組み。それを具現化したのが、「地域運営組織」と呼ばれる住民組織に一定の自治を委譲する制度だ。実は、この住民組織を全国に先駆けて始めた自治体が島根県内にある。県東部にある人口4万に満たない雲南市だ。今、そのノウハウを学びたいと全国各地から視察が相次ぐ。立ち上げ当時の状況や、狙いは何だったのか。市の地域振興課を取材した。

雲南市が住民を地域運営に巻き込む姿勢をとるようになったきっかけは、国が行財政の効率化を求めて進めた、平成の大合併だったという。雲南市は、2004年に6つの小さな町村が合併して誕生した。合併により行政サービスの提供対象エリアは広域化するにもかかわらず、行財政改革のため職員数は2割削減。さらに、年々進む高齢化で、義務的経費や必要となるサービスは増加。市長自ら「これからは国・県・市町村が何をしてくれるかではなく、住民自らが地域をどうするかという時代です」と市政懇談会で住民に檄を飛ばすほど、行政単独での地域運営は厳しい状況を迎えていた。

一方市内では、加速する高齢化と人口の減少により元来地域をまとめていた「自治会」の弱体化が進み、「地域のことは地域住民で」というエネルギーが失われ始め、行政への

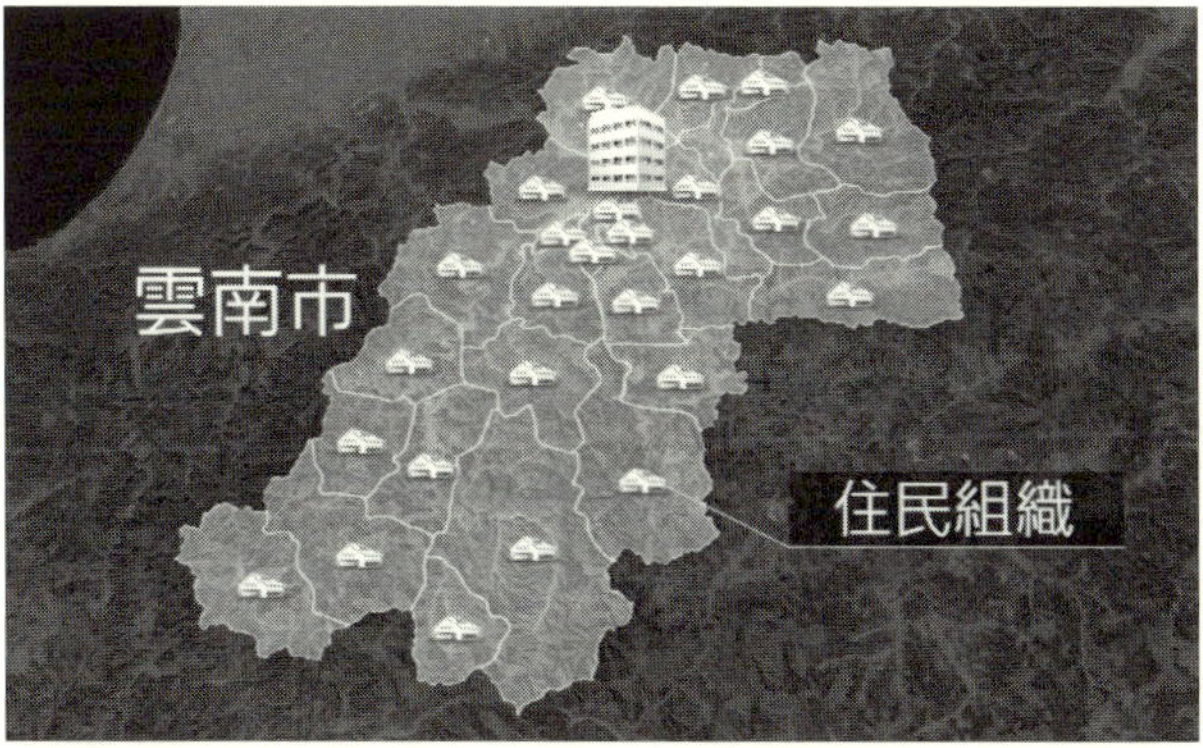

島根県雲南市は市内を30の地区に分けて、「地域自主組織」を立ち上げ、地域運営を委ねた（©NHK）

依存体質が生じ始めていた。

そこで雲南市は、地域住民の力を再び結集し、行政の〝パートナー〟となってもらうために市内を30の地区に分け、各地に住民全員をメンバーとする地域運営組織を「地域自主組織」と名付け、設立。自治会よりも規模が大きく、一定量の人口が確保できるおよそ旧小学校区ほどのエリアで、地域の課題を住民自らが担い手となって解決することができる組織づくりを行ったのだ。合併からおよそ2年で、全地区での組織設立が完了した。

各住民組織には、過疎債を元手に毎年平均800万円の「地域づくり活動等交付金」が市から支給され、その使い道は各組織に委ねられる。住民組織は、将来の地域の姿を自ら描き、限られた財源の中で何を優先するかを考えて、地域に必要な事業を企画・実行していく。行政は各組織の決断に干渉することはなく、地域に貢献する人材の育成や、情報共有の場づくりなど裏方に徹しながら、地域住民の〝自治力〟を高める役割を担う。

強制的にではなく、住民の意思を尊重する形で地域運営を委ねることで、「サービスを提供する行政と享受する住民」という構図から、「両者が協力体制のもと、ともに住みよい地域を作り上げる」構図へと変化させていったのだ。

美談にも聞こえるが、そもそも住民は税金を支払い、行政はそれを元手に地域に必要なサービスを提供する立場。財政難や人員不足を盾に、行政の仕事を住民に安価で任せる仕組みになってはいないか。

「この仕組みを導入してからも決してコスト削減にはなっていない――」

取材班の不躾《ぶしつけ》な問いに、地域振興課の職員は視線をそらすことなくこう答えた。

「一人ひとりが力を発揮しなければ、この社会が成り立たなくなっている。この現状をしっかりと受け止め、将来を見通したときに必要な先行投資だと考えている」

設立当初4600万円ほどだった地域自主組織への交付額は2016年度には2億8000万円まで増加。いかなる環境変化にも各地域で対応できるような基礎体力をつけておくことが、今自分たちにできる、縮小社会における「持続的なまちづくり」への対応策であると言う。

浮き彫りになる住民組織の可能性と限界

実際、市内に30ある住民組織ではどのような取り組みがなされているのか。各地区で取材を行うと、「こんなことまで住民が担っているのか」と驚くような取り組みが次から次へと出てきた。

・移住者の呼び込み、婚活支援、空き家調査などの定住促進事業
・配食サービス、高齢者見守り、サロン運営、児童の放課後預かりなどの福祉事業
・鳥獣害対策、草刈り代行、景観植物の栽培などの景観整備事業
・神楽や太鼓など地域文化継承事業
・特産品の生産販売、食堂の運営、廃校での合宿受け入れなどのコミュニティビジネス

など、それぞれの地域のニーズに応じて様々な事業が企画・実行されていた。

住民組織が設立されてから10年近くが経ち、今、住民たちはこれまでの活動をどう受け止めているのか。取材をさらに進めると、その可能性と課題が見えてきた。

２０１６年３月末、私たちは、30の地区の中でも〝優等生〟的存在として注目されていた海《う》潮《しお》地区に向かった。

松江市の中心部から車で30分弱で、海潮地区の地域自主組織「海潮地区振興会」が拠点を置く交流センターに到着。住民組織の立ち上げ以来、活動の中心的役割を担ってきた加《か》本《もと》恂二《しんじ》会長（72歳）が出迎えてくれた。

活動を始めてから11年間、海潮地区は人口減少問題を地域の一番の課題と捉え、あらゆる活動を行ってきたという。

「この地域は山間部に比べ、町に近く、勤め先がまだ近くにあるから大丈夫だと思っていた。しかしその割には若い人が松江市内に住むといって、子どもを連れて出ていく。若い人がぞろぞろ出て、年寄りだけ残っていく感じが目に見えた。これはやばいと思いました。せめて減るスピードを抑えなければ、地域の存続は厳しい。この危機意識を持ってとにかく小さくても失敗しても、自分たちにできるたくさんの事業を実行してきました」

加本会長に、これまでの活動内容を聞いていくと、次から次へと出てきて止まらない。

まず、２００５年に組織が立ち上がると、海潮地区ではすぐに移住者を呼び込む事業として「田舎暮らし体験ツアー」を開催。都会から訪れた20名ほどの参加者たちは、住民たちが当たり前だと思っていた海潮での暮らしに、たくさんの感動を覚えてくれたという。

「最初に田舎暮らし体験ツアーをやったのは正解でした。住民の意識がぐんと変わりましたから」と加本会長。外の人の視点を通して、住民たちが「自分たちが暮らす場所は魅力的な場所なのだ」「自分たちのもてなしで喜んでくれる人がいるのだ」と自信を持つようになれたと言う。この田舎暮らし体験ツアーは5年間にわたり開催された。小さな成功体験は新たな動きへとつながっていく。

その後、「海潮地区振興会」は地域を挙げて大阪を訪問し、「UIターン呼びかけ交流事業」を実施する。「Uターン」とは、地方で生まれ育った人が都会で進学・就職した後、故郷に戻ってくることで、「Iターン」とは、都会に生まれ育ち、都心で就職した人が後に、地方に移住することを指す。これ以外にも、地区内の空き家情報の調査、婚活イベントの開催など移住者を呼び込む活動を次から次へと繰り広げた。

さらに、共働き世帯が住みやすい場所とするため、加本会長たちは子育て支援にも力を入れた。当時海潮地区には公立幼稚園が1ヵ所あったが、保育所はなく、仕事が終わるまでの預かりを希望する人は、地区外の保育所まで往復12キロほどの距離を送り迎えしなければならなかった。そこで、住民組織自ら、幼稚園の一室を借り上げ、保育士・補助者を雇用し、幼稚園の放課後預かり保育「うしおっ子ランド」を開設してしまったのだ。預かり費用は放課後が4時間600円、休日が終日1500円とし、不足分は住民組織が地区内全世帯からまちづくりのための費用として年間1000円ずつ回収して運営費用に充てた。まさに「地域で子どもを預かる」仕組みであった。多い時には年間でのべ2360人あまりの子どもたちを預かり、これが実績となり、２０１６年度からは市が認定こども園として引き継ぐことになった。住民たちによる地道な活動が、地区の環境をよりよい方向へと動かしたのだ。

加本会長はこれまでの活動を振り返り、こう語った。

「地域の課題にこまめに対応して、小さくても様々な事業を行ってきた。この積み重ねの中で住民たちの〝地域〟への意識が年々高まっているのを感じています。少なくともこういう動きがある間は地域は元気だし、地方消滅なんて言われても、まだまだ可能性は広がっているし、打つ手はあると思っています」

シミュレーションでわかった残酷な真実

地域の課題を拾い出し、こまめに事業化することで次々と成果をあげるなど、一見、順風満帆に見えた海潮地区の住民組織。ところが、新年度を前に開かれた組織の会議で、私たちは住民たちから思いがけない言葉を耳にした。

「地区外の人との交流を増やせば定住につながると再三聞いて実践してきた。もちろん事業を通して住民のやりがいや喜びには結びついているけれど、実際には『このままじゃダメだ』という感覚をどこかで抱きながらやっている」

「うちの集落でも空き家がどんどん増えてきている。小学生は数人、幼稚園生はうちの孫だけ。なにか根本的な対策を考えないと、取り返しのつかないことになるんじゃないかという気がしてくる」

毎年400万円近くを人口減少対策に充ててきた海潮地区の住民組織。しかし、組織立ち上げからこれまでに人口は400以上減少。高齢化率は40%を超え、こうしたなか、10年先、20年先の地域はどうなるだろうかと不安の声が上がり始めたのだ。加本会長も、活動開始から12年目を迎え、事業の見直しをかける時期にきていると語った。

そこで、これまでの事業がどれほど実際の成果に結びついているのか検証しようと加本会長は動き出した。市を通さずに移住しているケースもあるため、これまで正確な移住者数を把握できていなかったという。各集落を回って調査すると、11年間で22世帯、50名が海潮地区に移住してきていたことが分かった。

さらに、今後地域運営を安定的に行うためにはどれほどの移住者が必要となるか。加本会長は、県の専門機関に人口分析を依頼した。しかし、住民組織のもとに届けられた専門機関の分析データは、私たちも目を疑うものであった。

①人口の減少割合が緩和されること、②子どもの数（小・中学生の人口予測）が概ね安定すること、③高齢化率が下げ止まることの3点を人口安定の条件と考え、2010年と2

015年の住民基本台帳の結果をもとにシミュレーションを行った結果、
・20代前半の夫婦が3世帯
・30代前半の夫婦（4歳以下の子連れ）が3世帯
・60代前半の夫婦が5世帯
の計11世帯が毎年移住してくれれば、海潮地区の人口は安定するという。

海潮地区の移住実績「11年間で22世帯」を仮に単純に年間数で割ると年に2世帯。つまり、今後これまでの5倍以上の移住者を毎年獲得しなければ、人口の安定は難しいという結果であった。

「正直、1年で11世帯、移住者を招き入れるというのは無理。あまりに非現実的。でも、これはあくまでもシミュレーション。これができなければ地域がダメになるというわけではない」

気丈に振る舞いながらも、加本会長をはじめとする組織の幹部のメンバーたちの表情は動揺を隠せずにいた。

後日、加本会長のもとを再び訪れると、これからの組織の活動について、覚悟と希望の言葉を語ってくれた。

「移住してくれた人に、なぜ海潮地区に移住したのかと聞いたら、みんな海潮の魅力を語

海潮地区振興会の調査に対して、地域の魅力を語る移住者たち（©NHK）

ってくれるんですよ。だからやっぱりここに希望はあると思う。状況は厳しいけど、動きは止めちゃいけない。模索しながらも、自分たちでやっていくしかない。いま海潮に住んでいる人は、それに立ち向かっていかなければいけないと、なんとか支え合っていかなければいけないという気持ちをみんな持っています。だからここに住んでいるんです。逃げ出すといっても逃げ出すところもない。とにかく動きはせにゃならんので」

今後も海潮地区では人口減少対策を軸においたまま、これまで以上に色々な事業を定住に結びつけて展開していく考えだという。冷酷な現実が立ちはだかる中、住民たちの前向きな姿勢が地域を明るい方向へと導いていってくれるはず。そう願ってやまない。

縮小を受け入れた地域のこれから

一方、雲南市の中には、海潮地区とは対照的に、外から移住者を呼び込むことには目もくれず、定住促進対策に交付金を全く充てていない地域があることが分かった。１４００人が暮らす鍋山《なべやま》地区だ。

鍋山地区では、２００６年冬に「躍動と安らぎの里づくり鍋山（略称・躍動鍋山）」という地域自主組織を設立。当時から会長として地域を牽引してきたのが、鍋山地区で生まれ育った秦美幸《はたよしゆき》さん（74歳）だ。一見、強面《こわもて》だが、活動内容のことを聞くと、話が止まらなくなるくらい情熱を傾けている人だ。

「僕は鍋山地区が大好きでね。ここを出ていった人も鍋山が嫌いで出ていったわけではない。鍋山を出た人が非難されるべきではないし、残った者がみじめなわけでもない。ここで住み続けようと思う人たちが、無理をせずに、負担を感じずに生活できるために必要なことをやりたいと思う。だから〝無理をしない地域づくり〟を躍動鍋山の合言葉にしているんです」

鍋山地区が２０１５年に作成した地区計画の表紙には「無理をしない」という文字が添えられている。しかしこれは決して「楽をする」という意味ではない。いつまでも無理をしない〝当たり前〟の生活を守るために、立ち向かわなければならない課題があるということを、私たちは鍋山地区へ通ったおよそ半年間の中で知ることになった。

２０１６年５月。年度初めに開かれる住民組織の総会に参加すると、冒頭、秦会長の口から発せられた言葉に私たちは衝撃を受けた。

「人口が減るから、ＩターンUターンと言って都会から誰か来てほしいと、人口が減ってはいけないという働きかけみたいなものが全国で行われています。来てもらうことはありがたいことですが、言葉が悪いけど、よそから来た人に50万円だとか、片付けに５万円とか、そんなお金を出すなら、瓦が落ちて、困っているおばばの家でも直してあげてよと思うんです。水洗便所なんか、すぐ死ぬからいいわね、と言っておられる人に50万円あげて水洗便所にでもしてあげれば、松江にいる孫でも遊びにくるかもしれません。僕はよっぽどそういうことの方が地域のためになると思っています。国のやり方、雲南市のやり方を批判するわけではありませんが、新しい人を呼び込むだけでこの鍋山地区が、人口が増えて住みよい地域になるとはあまり思っていない」

行政を含め、多くの地区があの手この手で移住者を呼び込み、人口減少に歯止めをかけようと躍起になっている中、鍋山地区では、端《はな》から「少なくなる人口でどうすれば幸せに生きていけるか」に目をむけていたのだ。

そのため、高齢世帯に弁当を配達したり、移動販売車の導入を手伝ったり、単身高齢者

60代の住民7名が交替で2人1組となり、高齢者への声かけと水道検針をかねた戸別訪問を行う。写真のような車が入れない場所もある（©NHK）

に携帯電話を配付し、緊急時の連絡体制を整えるなど、この地で暮らしてきて、この地で人生を終えたいと思う人が、いつまでも安心して幸せに暮らし続けるための環境を整えてきた。

中でも特徴的なのが、2012年から行っている水道検針事業だ。鍋山地区担当の水道検針員の後任がいなくて水道局が困っているという話を聞いて、秦会長が即座に水道局に連絡。直談判をして、委託契約を結ぶことになった。秦会長の狙いは、検針の業務報酬約80万円を得て、毎月継続的に地区内全世帯の見守りを行うことだった。限られた財源の中で福祉を充実させるための知恵を絞ったのだ。地元の方言である出雲弁では「お元気ですか？」を「まめなかね？」と言うことから、住民への声かけと水道検針の合わせ技事業を「まめなか君の水道検針」と名付けて、活動を開始した。

私たちも検針に同行させてもらった。険しい山間に点在するおよそ400世帯を回り、検針を行うのは60代の住民7名。鍋山地区ではまだまだ現役世代である。2人1組となり、「水道検針中」と書かれた大きなステッカーを貼った車で、朝8時から夕方5時頃までおよそ100世帯を回る。車で入れない場所もあり、ところどころ細い道や急な坂を上り下りして各戸訪問するのはなかなかの重労働である。

「おはようございます、水道検針です。足の調子はどうですか？　まだちょっと痛そうですね」

事業の肝は検針と同時に行う声かけ活動。高齢世帯を対象に、一人ひとりの顔色や体調、声の様子などを確かめ、記録を取り、何か異常があれば必要に応じて市の保健師に報告する。水道がない家でも高齢世帯であればすべて訪問した。

「名原さーん！　いませんかー？」。検針の途中、焦った様子で家の周りを探し始めた。いつもいるはずの一人暮らしのおばあさんが家にいないという。私たちにも緊張が走る。

「この時間帯ならだいたい家にいると思ったんだけどな」。不安そうな面持ちで、次の家へと向かった。「さっき名原さんのお宅に声かけしたら、いなかったみたいなんだけど、最近様子を見ましたか？」「名原さんは今日ゲートボールに行くって言って元気に出られてましたよ」。隣の家の人の笑顔に、一同ひと安心。こんなふうに、不在であれば近隣の人に様子を聞き、問題がないかの把握を決して怠らない。

声をかけられる住民たちは「普段一人でいるから、声をかけてもらえると嬉しい」「何かあったときに躍動鍋山に頼ればいいという安心感につながる」と、検針時の声かけに喜んでいる様子であった。2015年の秋からは、年に数回保健師も検針に同行するようになり、水道検針と健康相談を同時に行うなど、事業に厚みが出てきている。

しかし、活動を続ける中で、避けては通れない現実が迫ってきているのを秦会長は感じていた。

「いまここ、お悔やみの札が出ている。昨日くらいに亡くなられたみたいで。ここも年寄りさんが2人おられたけど、おじいさんが亡くなられて明日が葬式です。ここは一人暮らし。ここもおじいさんが亡くなっておられなくなりました」

地区を回りながら、秦会長が淡々と説明する様子に、取材者の方が動揺してしまった。どれだけ健康を見守っていても、毎年一定数の高齢者が亡くなっていく現実に抗《あらが》うことはできない。

2年前に、県の研究機関である中山間地域研究センターに秦会長が依頼した人口分析によると、20年後には鍋山地区の人口はなんと半分にまで減るという。

「ある程度の人口という土台がないと、この集落、地域が維持できないということも身に降りかかってきている。集落を維持することについて、お前みたいな甘いことを言っていたら集落はもたないと言われるかもしれない」

自分が信じるやり方で、いつまでも地域の暮らしを守ることができるのか。秦会長は不安を募らせていた。

専門家からの厳しい直言

予想以上に進む人口減少を前に、いま何をするべきなのか。秦会長は、20年以上にわたり、人口減少に苦しむ集落の支援をしてきた島根大学の作野広和教授からアドバイスを受けることにした。

まず秦会長が作野氏に聞いたのは、2年前の人口分析の信憑性について。今は地区内に小学校もあり、子どもたちのにぎやかな声が聞こえ、20年後に人口が半減するというのはにわかに信じがたいと伝えたところ、作野氏は単刀直入にこう答えた。

「テレビの撮影に関係なく言いますが、これは算数の問題です。本当にこうなるか疑われても、この数字のままいけばこうなります。それは絶対になります」

作野氏によれば、多くの地域が人口減少のイメージを具体的に描くことができていない

過疎対策に詳しい島根大学の作野広和教授は、将来を見据えて地区を集約していくことを提案した（©NHK）

という。当たり前ではあるが、今60歳の人は20年後には間違いなく80歳になる。そのときに同じように体が動いて、同じように健康でいられるかというと、そうではない可能性の方が高い。結果的に地域を支える人たちは間違いなく少なくなっていく。今現在地域を支えている人が多い地域では、特に、将来それができなくなることへの危機意識が低いそうだ。

そうした中で、いま必要となるのは、集落の将来を確実に見通すことだという。なかなか20年後30年後をイメージするのは難しいので、まずは5年後10年後を。そのとき集落の状態がどうなっているか、その状態でいいのか、話し合う必要があると作野氏は語った。特に見落としがちなのが、集落の「空間」について。人口が減っても、集落を構成する土地や家屋は個人の所有物のまま残り続けることに注意しなければならないという。

作野氏は、ホワイトボードに簡略な集落の白地図を描き、どのように考えていくか説明を続けた。

「例えば、おじいさんが一人で住んでいて、いまは元気だけどあと2~3年かなというときに、2~3年後のことは誰も責任を持つことができない。触れにくいかもしれませんが、残された田畑や山林、家屋をどうするか。集落全体の環境と、そのときに残っているだろう担い手の負担を照らし合わせながら、森に返すエリア、集落全体で保持・活用するエリアなどを考えていくことが必要です。集落の守るべき範囲に線を引き、青写真を描いていく作業になります」

集落の担い手の減少に応じて、維持管理が難しい場所を住民自らが選び、集約するべきだという作野氏の提案に、秦会長は戸惑いを感じていた。

鍋山地区の住民組織の使命は、住民がいつまでも暮らし続けたいと思う環境を守ること。たとえ空き家でもそこには何百年もの歴史があり、農地にも代々受け継いできた記憶がある。それを知っていながら、組織としてそのひとつひとつに深入りしては、住民たちに苦痛を強いてしまうのではないかと考えたのだ。

それに対し、作野氏は語気を強めてこう言った。

「いよいよ駄目になってから、じゃあどこをやめますかと言っても、テーブルにつくことすらできなくなる。元気があるうちは絶対に反発があります。こんな村を縮めるような話し合いをなんでするのだと。だけど、そういう文句がでるくらいのうちに多少しておかないと、できなくなるんですね。もしやらないとしたら、どんどん住みづらくなって、ますます人が減っていくということになります」

いま動き出さなければ、将来、集落での生活にかかる負担が増え、少ない担い手さえも失い、ますます集落の維持が難しくなるという。

「これまでたくさんの集落を見てきました。2〜3軒になってしまった集落や、その後なし崩し的に消滅した集落も。荒れ地に囲まれ、集落内の道路も荒れ果てた中、〝住みづらくても住んでいる〟状況は、私は健全ではないと思うのです。いま少し無理をしてでも準備しておけば、最期まで心から住みたいと思える集落を維持することができるんです」

作野氏との話し合いから3週間後。秦会長は、地区の状況を改めて確認するため、地図を片手に25世帯が暮らす集落を訪れた。空き地を茶色、農地を緑色、空き家を赤色で塗っていく。秦会長が目にしたのは予想以上に荒れ地が広がっている集落の実情だった。

「まさかと思ったわ。こうやって見て歩いてね。分かっていたとは言いながらも、地図に塗ってみると、改めて実感させられるね」

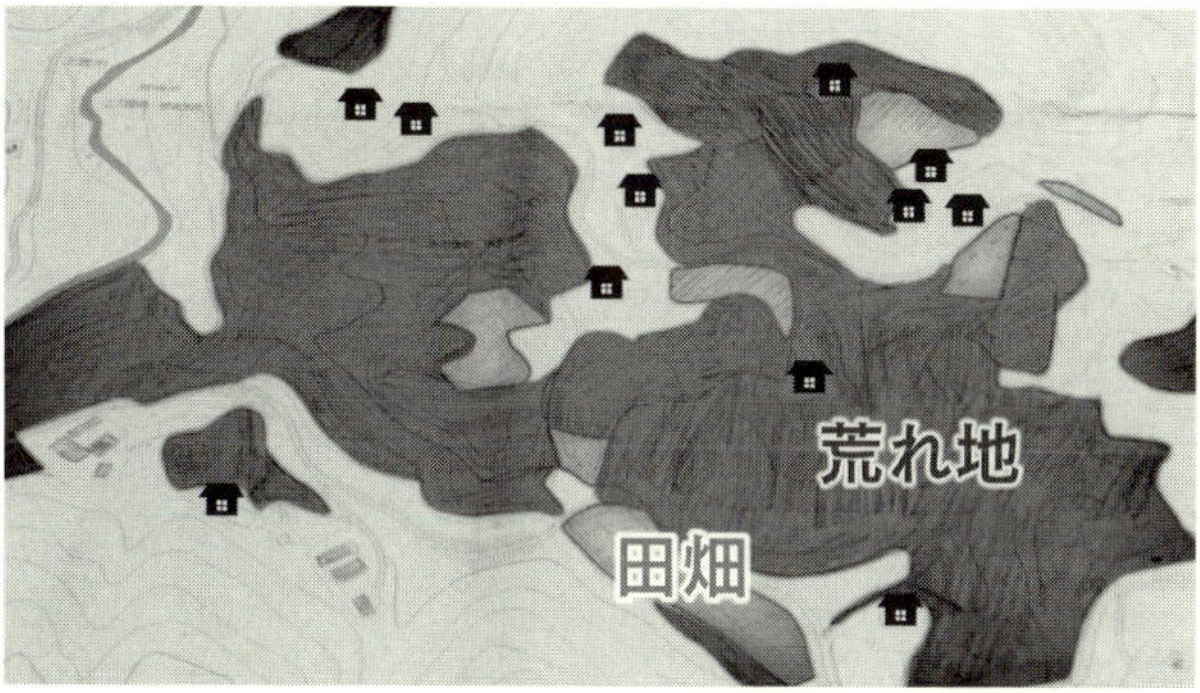

25世帯が暮らす集落の農地や空き家などを現地調査して作成した地図。耕作放棄による荒れ地が集落間近に迫っていることがわかる（©NHK）

その後も、住民組織では地区の調査を続け、全エリアの状況を地図に落とし込み、〝見える化〟を実施。秦会長たちはこの地図をもとに、住宅や田畑を集約していくことを含め、集落の将来について住民たちで議論していくことを決めた。

「集落とか道路とか農地とかをどう残すか。自分たちがどうやってここで住んでいけるかという課題、議論になる。かなり大変な話し合いかもしれないけど、僕たちの組織が提案していかなければいけない」

住民組織という仕組みを導入することで、住民が主体となり地域の将来を担う雲南市のまちづくり。取材を通して、「私はこんな地域で暮らしたい」と目を輝かせて語る住民たちの様子を見ていると、その声をくみ上げる仕組みとしては、十分に機能しているように感じる。行政主導、単一の価値観で、納得のいかない将来を歩まざるを得ないよりは、自分の暮らす地域の未来を自分たちの価値観で描けるほうがよほど幸福だろうと。一方で、描いた未来にいかに近づいていけるか、そのための活路を住民たち自身で切り開いていくのは決して容易ではないはずだ。

第５章

地域社会崩壊　集落が消えていく

「農村撤退」という選択
（島根県・益田市、京都府・京丹後市）

「住民と行政が〝協働〟する社会」というスローガンの下、住民に一定の自治を委譲することで、結果的に行政サービスの一部を担ってもらう「住民組織」という仕組み。これをどう評価するかは、住民や行政、そして研究者たちの間でも見解は様々だ。ただ確かなことは、11年前、島根県雲南市で始まったこの仕組みは、他の自治体からは「画期的な成功例」と受け止められ、県内各地でここ数年、一気に導入が進んでいるということだ。まさに「ブーム」といった表現が最も当てはまる。しかし、取材を進めると、中には、「限界集落」のはるかに先を行く、消滅危機の集落を抱える地区にまで導入され、住民たちに過度の負荷がかかっているという、ある意味、過酷な現実も浮き彫りになってきた。

選択肢は他になし　各地に広がる住民組織

２０１６年３月、取材班は、新たに住民組織を立ち上げることになる地区を取材することにした。10年以上の住民組織運営の〝キャリア〟がある雲南市の各地区で、縮小と闘う住民たちの模索や葛藤を見てきたが、これから組織が導入されようとする地区で行政サービスを担わされることになる住民たちは、このことをどう受け止めているのか、率直な思いを知りたいと思ったからだ。

いくつか候補があった中で、取材を行うことにしたのは県西部にある益田市だった。２

０１２年7月に当選した山本浩章市長が、選挙戦当時5万弱だった人口を「２０２０年までに5万５０００人に増やす」ことを公約に掲げ、当選後、人口増に特化した施策を担う「人口拡大課」という全国でも珍しい部署を立ち上げた市だ。人口拡大課では、インターネット上に「空き家バンクナビ」という空き家を貸したい人と借りたい人をマッチングするサイトを立ち上げ、その仲介役を買って出ることで定住促進を図ったり、U・Iターン者向けの相談会を東京や大阪、広島で開いたり、また子育て環境の整備に力を入れたりして、特に市外からの転入者を増やすことに一定の成果をあげてきた。しかし、それでも人口減少（社会減と自然減の両方）は食い止められず、取材を始めた２０１６年3月末の段階で、人口は、4万８０００人にまで減っていた。

私たちが益田市に注目したのは、行政主導で人口拡大を進め、「予算とマンパワーをそこに集中させてきた」（財政課長）という益田市が、２０１６年4月から一部の地区に新たに住民組織を導入することを決断したからだ。市は、人口に応じた交付金を住民組織に払い、住民たちに自治や地域サービスの一部を担ってもらうという。

驚いたのが、市が今後のモデルケースとするべくトップバッターの一つに選んだのが、人口３００人足らず、益田市で高齢化率が一番高い（約65％）匹見《ひきみ》下《しも》地区だったことだ。なぜ、市内にある20地区の中からあえて高齢化率が一番高い地区でスタートさせようというのか。取材に応じた人口拡大課の課長は、その理由を、きっぱりと語った。

「市内には、このまま人口減少の傾向が続けば消滅が見込まれる集落がいくつもある。何とか早めに手を打たねば手遅れになる。とは言え、行政が末端のところまできめ細かいサービスを提供できるかというと、なかなか難しいところがある。そこは住民の方が自らできるところは自ら取り組む。それに対して行政はサポートする。一番厳しいとされる匹見下で持続可能な仕組みが作れれば、最高のモデルケースとなる」

元祖「過疎の町」の集落が消滅寸前

住民組織の設立を命じられた匹見下地区の住民たちは、今、この決定をどう受け止め、どんな準備をしているのか。早速、取材の拠点としていた松江市から現場に向かった。JR山陰本線を西へ、日本海に沿った単線を走る特急で2時間余り、山口県との県境にあるのが益田市だ。JR益田駅から匹見下行きの直通バスはないため、タクシーで向かうことにした。目指す匹見下公民館まで、山間の道をひたすら上っていく。ところどころ1車線になるが、道路はきれいに舗装されていて、真新しいトンネルもいくつか通る。益田駅からの距離は30キロ程度あるが、途中からは信号もないため、40分で到着した。山と川に面した風光明媚な地区だ。特に集落の中を流れる匹見川は、国交省による水質ランキングで

空き家が目立つ島根県益田市・匹見下地区（©NHK）

複数回「日本一」に輝いた高津川の支流で、アユやヤマメ、マスなどがたくさん釣れる清流だとタクシーの運転手は教えてくれた。

「どうも！　遠いところまでようこそ！」。満面の笑みで迎えてくれたのは、住民組織の代表、山崎一美会長（71歳）。元市議会議員で、3年前、この地区に住民組織が設立されることが決まった時、「あんたしかおらんと担ぎ上げられた」とのこと。「住民組織の話をする前に、この地区の実態を見たほうが良いのでは」という山崎会長の提案で、まずは集落を回ることになった。面積65平方キロメートルの地区内には17の集落（自治会）があるが、それぞれが山間地に散らばっていて、全部を回るのに車で2時間はかかると言う。

「ここは空き家ですね。こちらも、あちらも」

山崎会長の指さす先には、誰も住んでいない家並みが続く。屋根や壁が朽ちたものもあれば、つい最近まで住んでいたような生活感が窺える家もあった。かなり前に廃校になった小学校の跡地にも案内された。匹見下地区にある17の集落のうち、13ヵ所が「限界的集落」(高齢化率50%以上かつ20戸未満)、うち5ヵ所が更に深刻な「危機的集落」(高齢化率70%以上かつ10戸未満)だと言う。中には残り1戸になったという集落もあった。今後、外から人が入ってこなければ、「10年、あるいはもう少し先には消滅する」(山崎会長)集落をいくつも抱えていた。

山崎会長曰く、匹見下の歴史は、縄文・弥生時代に始まり、数多くの遺跡や史跡、独自の芸能文化が残る一方、「過疎」という言葉が最初に生まれた場所だという。益田市に合併する前の旧匹見町時代の町長が、昭和40年代に「過疎」という言葉を国会で用いて、次々と人が流出していく町の現状を訴えたのが始まりだとされる。それから約半世紀、人は減っていく中でも、匹見下に残った人たちは互いに支え合い、集落を守ってきたが、この10年で100人ほど減り、300人を割ってしまったと言う。集落を一望できる高台で、山崎会長はポツリと言った。

「いいところなんですけどね。一人亡くなり、二人亡くなり、ということでこうなってしまった。残念な話、淘汰ですかね。でも、何とか食い止めないと、この地区の歴史がなくなってしまう……。夢かもしれないけど」

こうした厳しい現実の中、「人口拡大」を最優先課題とする益田市のモデルケースとなるべく、この地区でまもなく始まろうとしている住民組織の取り組みを、どう受け止めているのか。山崎会長は、率直に答えてくれた。「正直、しんどいです。でも、もう行政に頼ってばかりでは、何も解決しません。行政だってカネもなく人もいないですし、結局、行政サービスが維持できなくなることのしわ寄せは、こっちに来ているんでしょう。ただし、昔は田植えにしても、屋根の葺《ふ》き替えにしても、集落の住民みんなで協力したものです。住民が自分たちのことは自分たちでやらなきゃいけない時代に戻ったと受け止めるしかないですね」。山崎会長らは、住民組織の名称を「匹見下いいの里づくり協議会」とすることに決めた。この匹見下では、住民同士が互いに助け合うことを意味する「結い」を「いい」と発音する。この地で受け継がれてきた助け合いの精神こそ、住民組織の名にふさわしいとみなで考えたという。

160万円で自治を委ねられた地区　戸惑う住民たち

「匹見下いいの里づくり協議会」設立まで1ヵ月に迫った2016年3月、協議会の会合にお邪魔させていただくことになった。20名ほどの中心メンバーは、ほとんどが70代以上だ。メンバーに話を聞いてみると、やはり当初は、住民たちには、住民組織という仕組み

「匹見下いいの里づくり協議会」のメンバーの大半は70代以上（©NHK）

への抵抗感があり、「なんで今さらお役所の仕事を俺たちがやらねばならないんだ」とか「手切れ金だけ渡して行政は何もせず、責任逃れをするつもりか」など、批判の声も相次いだという。そうした中でも山崎会長を始めとするメンバーたちは、３年間の準備期間中、60回ほどの会合を重ね、組織づくりや活動方針について話し合いを重ねる一方、住民たちにも議論のプロセスを回覧板などで説明し、納得してもらってきたという。

さて、この日は、初年度、益田市から交付されることになる１６０万円をどう使うかが議題となった。何にいくら使うか、予算とその内容を組み込んだ「事業計画書」を、設立前に市に提出する必要があるからだ。

「匹見下いいの里づくり協議会」の活動方針に掲げた柱は、３つ。①地区外の人々との交流人口を拡大し、U・Iターン者を増やすこと。②誰もが健康で長生きできる地域を作ること。③いつまでも住み続けられ、住み続けたい地域を作ること。

ところが早速、問題が浮き彫りになった。160万円では到底足りないということが判明したのだ。住民の希望で「事業計画書」に組み込まれたのが、「休耕地利用のための視察や情報収集費」「空き家の実態調査費」「U・Iターン者の家や仕事のサポート費や学童クラブ運営のための情報収集費」「特産物の開発費」「バスや乗り合いタクシーなどの交通支援費」「独居老人・高齢者のための見守りマップ作成費」「鳥獣被害対策費（追い払うための花火代など）」などなど。すべての予算を計上すると、246万円に達することが判明した。そもそも、これらの事業の内容もまだ漠然としていて、例えば、空き家や休耕地利用のための調査費といっても、それぞれ何にいくらかかるかも把握できていない。結局、具体的な金額が判明しているのは、それまで公民館に設置していたが故障した「マッサージ機の買い替え代30万円」のみ。この日の議論の末、市への提出期限が迫る「事業計画書」で160万円をオーバーするわけにはいかず、もう吟味する時間もないということで、それぞれの項目の予算を一律6割ほどにカットして合計160万円にすることで辻褄を合わせ、しのぐことになった。

出だしからの思わぬつまずきに、山崎会長は苦笑した。

「大いに不安はありますね。第一にこの地区ではお金を生み出す産業もないため、住民組織を運営するための自主財源がない。委員も高齢者ばかりで、人材不足も深刻です。第一、若い人がいないと何をどうするべきかの発想も生まれないし、そもそも高齢者ばかりでは、活発に動くことさえできない。とは言え、住民組織を設立することが目的ではなく、運営していくことが大事で、何とかしなくてはならないのですが……。期待より不安の方が大きいというのが正直な気持ちです」

止まらない住民組織導入の動き　国も支援を強化

4月下旬、市長や市議会議長などの来賓を招いて、「匹見下いいの里づくり協議会」の設立総会が行われた。会場となったのは、この日落成したばかりの「多目的集会施設」。住民組織の拠点として、市が廃校となっていた小学校を改築し、住民に提供した。会議室、ホール、調理場完備で、木材をふんだんに取り入れたモダンな造りの建物だ。総工費は1億1000万円。財源は「辺地対策事業債」。財務省によると、「辺地対策事業」というのは、「辺地を包括する市町村が、辺地とその他の地域との間における住民の生活文化水準の著しい格差の是正を図るため、当該辺地に係る公共的施設の総合整備計画を定め、この計画に基づいて実施する公共的施設の整備事業」だという。要は国からの借金だ。

「匹見下いいの里づくり協議会」の拠点となる多目的集会施設。国から1億1000万円借金して作ったハコモノだ（©NHK）

人口３００人弱の市内で最も高齢化が進む地区に国からの借金１億円以上を投じて大きなハコモノを作る一方で、わずか年１６０万円で自治を任せる。取材にあたった私たちには、なんともバランスを欠いた施策のように映った。

とはいえ、国は住民組織の役割を高く評価し、全国に普及させようとしている。国に取材を行うと、総務省は市町村を対象に総額５００億円の交付税を措置する一方、内閣府は、総額１０００億円の地方創生推進交付金の予算を組んでいたことが分かった。

国の担当者は、「人口減少にともない、行政サービスが非効率化し、厳しい財政事情もあって、従来のサービス水準を維持することが困難になりつつある。地域運営組織（＝住民組織）は、住民の参加密度を高め、人と人とのつながりを強くし、地域の資源を最大限活用することにより、行政サービス提供機能低下によって生じた隙間を埋める役割を果たしてくれる」と大きな期待をかけていた。

しかし、国は、住民自身に公共サービスを担わせるための制度整備に力を入れる一方、「どこまでが行政の仕事か」の議論は行っていない。つまり、グレーゾーンを残したまま住民組織に、サービスの代行を委ねようとしているとも言える。なし崩し的に、住民の互助が求められる領域が拡大する恐れもあるだけに、協議会のメンバーにもどこか不安があるように見えた。

「住民組織の互助努力の支援といえば、響きは良いが、過疎地域での行政サービスを切り捨て、住民に丸投げしているだけではないか」。そんな疑念を捨てきれぬまま私たちは「匹見下いいの里づくり協議会」の設立総会、その後の祝賀会の取材に臨んだ。

参加者のほとんどが70代か80代の老人が集った会場から、まばらな拍手が鳴り響く。最前列にいた山崎会長は、いつになく険しい表情だ。祝賀会の途中、話を聞いた。

「これからどうしたらいいのでしょうか。何か秘策があったら教えて下さい。打開策はなかなか簡単には見つからないですね。これからどうなるかは、全くわからないです。嵐の中に船を出すようなものでしょう。転覆しないように、漕いでいくしかないですね」

お酒で顔は真っ赤だったが、地区の将来を左右する組織を担うことへの不安がひしひしと伝わる。私は、祝賀会に出席していた市の担当者に「正直、高齢化がここまで進んでしまったこの地区に住民組織を導入するのは、あまりにも無謀なのでは」と率直な質問をぶつけてみた。担当者は、「我々も各地で住民組織について説明すると『70歳、80歳の我々ができるわけない』と言われますが、最後にもうひと踏ん張り頑張って下さい、とお願いしています。まだ元気な方はたくさんいらっしゃるじゃないですか。今、やっていただかなくては。10年後にお願いしたら、もっと無理ですよ」と言う。

その時壇上に上がった市長が挨拶でこんなことを語った。

「みなさんご存知のように、この匹見下地区は、益田市で最も高齢化率の高い地域でございます。その中において、地区はどう生き残りを図っていくかということを、住民の皆さまが主体となっていろんな計画を立て、方針を作り、進めていただく。今後とも、この匹見下地区が、生き残りの方策を見出して、活力のある地域になられること、そしてご参加の皆さまのますますのご健勝とご多幸を祈念申し上げて、お祝いの挨拶とさせていただきます。本日は誠におめでとうございます！」

山崎会長の表情は、ますます険しくなっていた。

自分たちは「ゆでガエル」

今回の匹見下地区の取材で、最も印象に残ったのは、山崎会長が廃屋が連なる集落を案内してくれた時に語ったある言葉だ。

「過疎がどんどん加速していったのは、国の政策ももちろん悪かったかもしれないけど、住んでいる我々も呑気にしていたんでしょうね。どっちもどっちだと思っています。匹見下は良いところだと思っていても、自分たちの地域を活性化するために実際に何かやったのかと聞かれたら何もやっていない。自分の子どもたちが住みたいと思えるようなことをやってきたかと聞かれても、答えられる自信はありません。いつかはいつかはと思いながら、結局、みんな危機意識を持っていなかったんでしょう。〝ゆでガエル〟と一緒ですよ。大丈夫、大丈夫と言い続けていたら、とうとう駄目になった」

自分たちを「ゆでガエル」と自嘲しながら、行政サービスを背負うことになった現実を受け止める住民たち。無理があることを承知でそこに依存するより他に策がない行政。人口の急速な減少とそれに伴う過疎地域の無人化が待ったなしで進む中、行政主導で導入される住民組織の数は、今現在も全国で増え続けている。内閣府の地方創生推進事務局によると、２０１４年度末時点で、全国１３７２市町村中、３４９市町村に１６５６団体。国はこうした組織を、２０２０年までに３０００に増やす方針を掲げている。

集落消滅のタブーに向き合い始めた研究者

「縮小ニッポン」の姿がますます顕在化する中、これまで「過疎対策」や「農村再生」、「地方活性化」などをテーマにしてきた研究者の中でも、変化が生まれている。取材で見えてきたのは、これまでタブー視された「集落消滅」や「地域縮小」と向き合い議論をしていこうという論調が、研究者の中でここ数年、活発になり始めているという現実だ。学界に一石を投じた研究者の一人が、「撤退の農村計画」論を掲げる東京大学大学院農学生命科学研究科の特任助教（現・金沢大学人間社会研究域人間科学系の准教授）の林直樹氏だ。林氏は、高齢化が著しい過疎地では、住民の生活と共同体を守り、地域環境の持続性を高めるため、一定規模の拠点集落にまとまって移住する、つまり「集団移転」を提唱している。

若手研究者である林氏は、同じ志を持つ研究者と一緒に研究会を作り、学会だけでなくSNS等で積極的に「縮小ニッポンを生き抜く処方箋」について議論するワークショップなどを行い、注目を集めている。

今回、林氏が京都府内で勉強会を開くと聞き、取材班は同席させてもらうことにした。現地に訪れる前、私たちは一抹の不安を抱いていた。「集団移転」と言えば、住民と行政の立場が真っ向から対立し、議論が紛糾するものと相場が決まっているからだ。ダム建設のために水没する集落の集団移転交渉しかり、東日本大震災の津波被害を受けた集落の高台への移転交渉しかり、自らの財産や将来の生活設計にかかわる問題だけに、集団移転に対する住民の反発は相当激しいものになるだろう。私たちは覚悟した。

会場となったのは、JR京都駅から特急はしだて号で2時間半、かつて丹後ちりめんで栄えたものの、今は人口減少に歯止めがかからない京都府・京丹後市網野町。勉強会には、この町のほとんどの区の区長28人と市の担当者が参加した。みな、非常に真剣な表情だ。テーマは、「集落の無住化（≒消滅）にどう向き合うか」。

林氏は、過疎化している集落が直面している問題や環境はそれぞれ異なるので、マニュアル的な対応はできないと断ったうえで、「集団移転」も選択肢の一つと説明する。

「最悪のパターンが、集落に住んでいる人が高齢化で病気がちになり、通院や介護のために集落を次々と離れていき、四散してしまうケースです。消滅を座して待つくらいなら、余力があるうちにみんなで麓《ふもと》に降りるという選択肢もあっていいと、私は思います。

ただし、集団移転といっても、どこでもいい、というわけではありません。ポイントは、縁もゆかりもない遠い場所ではなく、例えば麓の地区など、これまで買い物や通院で通っていた利便性の良い場所に住民の合意の上で移転することです。これなら住民の皆さんの抵抗感も少なくて済みます」

京丹後市網野町で開かれた勉強会に参加した住民たちと議論する林直樹氏（現：金沢大学准教授）（©NHK）

林氏は、人口減少が続き、財源が減っていく中では、先送りすればするほど選択肢は狭まってくると危惧する。

過疎を理由に「集団移転」を行った集落はまだ少数にとどまっているが、先行例では住民の満足度は比較的高い。総務省が2001年にこれまで集団移転した人々へのアンケート調査を行ったところ、72％が「移転して良かった」と答えた一方、「移転前の方が良かった」と回答したのは2・3％にとどまった。その理由は「日常生活が便利になった」「医療や福祉サービスを受けやすくなった」「自然災害や積雪などへの不安の軽減」という答えが大半を占めた。

勉強会では、意見交換が活発に行われた。

区長からは、「人口減少が止まらない中、余力があるうちに対策を打たなくてはならないと痛感している。そのために集団移転も含めて、どんな選択肢があるのか、その場合、補助金などどんな支援策が受けられるのか。行政とも連携して議論していきたい」「今すぐの集団移転は、正直、現実的ではない。でも、このまま何もしなければ、確実に消滅を免れないのも事実。先送りせずに話し合っていこう」などの意見が出され、白熱した議論が2時間近く続いた。

勉強会の後、林氏に話を聞いた。

「最初の頃は、こんなの机上の空論だ。集落の消滅を想定するなんて失礼だ、帰れ！と言われると思いましたが、実際は逆でした。こういう考えもあるのか、もっと聞きたい、教えてくれ、という声が各地で聞かれます。我々研究者がこういったテーマをタブー視している間に、もう地元レベルでは、消滅をある程度直視してやっていかなければという段階にまで来ているんです。

『撤退』するくらいなら、最後まで頑張って『玉砕』した方がまし、といった意見もありますが、私にとって『撤退』とは『力の温存』です。今こそ、進むべきは進み、引くべきは少し引いて確実に守るという発想が大切なのではないでしょうか。もう、十把《じっぱ》一《ひと》からげの『農村再生』の掛け声合戦は終わりにしなければなりません。私は、農村の活性化については、否定していないし、どんどんやるべきだと思います。でも、活性化に失敗したときのことを考えるべきなのではないか、ということも提案し続けたいんです」

里山保護論の薄弱な根拠

過疎集落からの集団移転については、「美しい日本の里山を切り捨てるつもりなのか。人が手入れすることによって初めて成り立つ里山を放置すれば、国土が荒れ、災害が起きやすくなる」という批判もある。しかし林氏は、こうした批判の多くには科学的な根拠が乏しいと反論する。

「集落を放置すれば国土は荒廃し、河川下流で洪水が発生したり、土砂災害が起きやすくなったりする、という批判があります。しかし、日本の国土は降水量などの面で非常に恵まれているため、特別な対策が必要になることがあっても、長期的に見れば荒れた土地は、自ずと元の森林に戻るだけです」

もう一点、林氏は、「コスト」の問題にも切り込んでいる。

「雪国の場合、市町村道1キロの維持に年間90万円ほどかかっています。例えば、メインの道路から5キロ入ったところに高齢者が一人で暮らしている場合、その人のためだけに年間450万円の支出が行われていることになる。ゴミ収集や水道管のメンテナンスの費用もかかります。これらの費用を正当性ある行政サービスの一つと見なすかどうかは意見が分かれるところです。厳しいものになるでしょうが、この種の議論をタブーにしても状況が改善することはありません」

集団移転に伴う行政による補助金などの支出を非難する声もあるが、その後、インフラの維持費等が、ある程度削減されることを忘れてはいけない。林氏によると、20〜30年で両者の金額が等しくなるという。ただし一方で、林氏は、「集団移転は、あくまでも住民のために、そして住民の合意の上で行われるべきもの。コストを減らすことを目的として集団移転を進めるとしたら、それは大きな間違いだ」と釘を刺すことも忘れなかった。

「余力があるうちに集団で麓に降りてきて集落を作る」という提案は、一見過激なように見えるが、実は、地域の消滅を食い止めるために奮闘している住民組織のメンバーと意外に考えが近い。

第4章で紹介した島根県雲南市の鍋山地区の住民組織のリーダー、秦美幸会長は、将来的には、現在公民館が建っている地区の麓の場所に、雪が積もる冬場だけでも高齢者たちが寝泊まりできる施設を作れないかという提案を住民たちと検討し始めていた。実際、岐阜県高山市など、町中で空き家になっている旧教員住宅を冬場の期間だけ山間部で暮らす高齢者たちの住宅として貸し出す事業を始めたケースもあり、秦会長も近いうちに現地に視察に行きたいと言っていた。

また、超高齢化に悩む益田市の「匹見下いいの里づくり協議会」の委員も、「この地区の人口300人弱といったら、都会のタワーマンションだったら全員が楽に入れる規模。近い将来、さらに人口が減る中で、これだけ広い土地に散らばって暮らし続けるのは非現実的だし、除雪や道路・水道・電気などのインフラ整備等にかかるコストのことを考えたら、1ヵ所に集約するのも選択肢として検討していっても良いのでは」と語っていた。

一方で、今回の取材で話を聞いた住民のほとんどが、「集落が消滅しようが、自分が死ぬまでこの家を離れるつもりはない」と言っていたのも事実だ。だからこそ、林氏は、「あくまで住民たちが納得して選択することが大切」と繰り返し発言している。

縮小を直視する初のシンポジウム

2016年12月、広島に「過疎対策」や「地方再生」をテーマにした研究者たちが全国から集い、あるシンポジウムが開かれた。タイトルは、「岐路に直面する中山間地域——存続か再生か縮退か——」。

「人口減少はむしろ地域を強くするチャンスだ。悲観的になる必要はない」「田舎暮らしに興味を持つ若者が増えているというデータもある。外から人を呼び込めば、集落はまだまだ存続できる」と従来型の地域活性化を訴える専門家と、林氏ら「縮小」を前提とした政策を訴える専門家が真っ向から論争を繰り広げた。「今までの過疎対策は、『集落は全部守る』というスタンス。これでは絶対に行き詰まります。正直、全国の集落すべてが活性化で盛り上がる姿は私には想像できない。撤退も含めた戦略を立てることが必要なのではないか」と林氏。

雲南市鍋山地区の住民組織の代表、秦会長に「住宅や田畑を含めた集落の集約」を提案した島根大学教授の作野広和氏も議論に加わった。「批判を覚悟で申し上げます。タイトルに『むらおさめ』という言葉をつけてお話しするのは今日が初めてです。近い将来、消滅する集落が相次ぐことが避けられない中、村の最期を看取る『むらおさめ』も視野に入れて、まずは田畑、森林、家屋を今後どうするかという議論を住民たちですることが大切で、我々研究者も今こそそうした場や仕組みを作ることに貢献すべきではないでしょうか」と提案した。

3時間を超えた議論の中で、聴衆からは「縮小を直視することは嫌だという気持ちが本音だが、もう避けては通れない。まずは現実を知ることから始めたい」「行政やメディアは、全集落の実態調査を行い、正直に公表してほしい」「我々地域に暮らす住民たちも、集落を近い将来どうしていくのか、これは自分たちの問題なのだから、タブー視せず、オープンに話し合っていくべき」などといった「縮小」に向き合うことに好意的な意見が相次いだ。林氏は言う。

「これまでだったら、こうした議論は絶対にできなかった。我々研究者が避けてきたのも事実。しかし、もはやそんな段階ではないのです」

今回の取材を通して痛感したのは、これまでの「地方再生」一辺倒の議論だけでは到底解決することができない「縮小ニッポン」の厳然たる現実だ。消滅をタブー視していては、何も進まない。何を守り、何を諦めるのか。私たち一人ひとりが自分の問題として考え、戦略を持って選び取る時代に来ているのではないか。

エピローグ

東京郊外で始まった「死の一極集中」
（神奈川県・横須賀市）

人口減少がもたらす厳しい現実と「撤退戦」の現場を北海道の夕張、そして島根で見てきたが、これはもはや地方の動きにとどまらない。地方から人々をブラックホールのように吸い上げてきた〝東京〟でも、すでに「撤退戦」に突入した自治体が現れ始めているのだ。本書を終えるにあたり、東京の郊外で始まった「撤退戦」の現場と私たちに迫る危機を紹介し、縮小ニッポンの未来図にどう向き合えばよいのか、見つめていきたい。

始まった〝東京〟の縮小

第1章で説明したように2025年以降、東京都心でも急速な高齢化を伴った人口減少が進むと予測されているが、東京郊外の多くの自治体では、一足先にこうした人口減少が現実のものとなっている。2015年の国勢調査によると、東京都、神奈川県、埼玉県、千葉県の1都3県を含む「東京圏」にあるおよそ250の市区町村のうち、実に半数以上で、すでに人口が減少していた。これまで、東京郊外で人口減少をしている市区町村といえば、檜原《ひのはら》村や奥多摩町などの比較的人口規模の小さなところで、減少数も数人から数百人程度と比較的規模の小さいものが中心であった。ところが、2015年の国勢調査では、東京西部の中心的な都市を抱える立川市や八王子市のほか、政令指定都市である横浜市、さいたま市、千葉市、相模原市の13の区で、数百人から数千人単位で大きく減少して

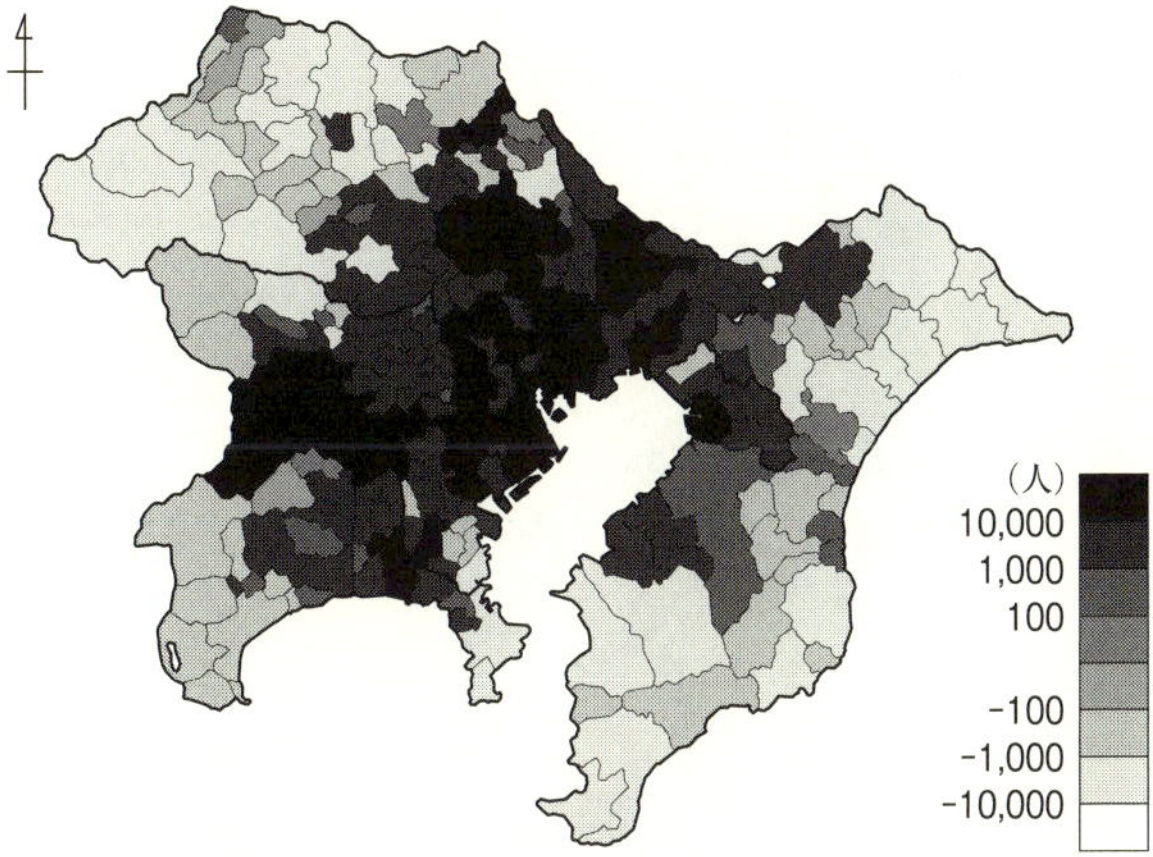

図E-1　東京圏の人口増減（2010～2015年）
東京都心では人口増加が続くも、郊外では人口減少が広がっている

いたのだ。

　私たちは、５年ごとに行われる国勢調査の結果を基に、前回調査と比べて人口が増加したか、減少したかによって色分けし、マップに落とし込んだものを独自に作成した。黒色が人口増加を示し、白色が人口減少を示している。昭和60年（１９８５年）の時点では、東京郊外一円で大幅に人口が増加し、〝東京〟が経済成長とともに都市を拡大させていたことが見て取れる。ところが、５年ごとの調査のたびに、人口減少に転じる自治体が郊外から都心部にむかって少しずつ広がっている。

　さらに、国立社会保障・人口問題研究所が行った予測をもとに、２０４０年までの人口増減マップを作成すると、驚くべき事

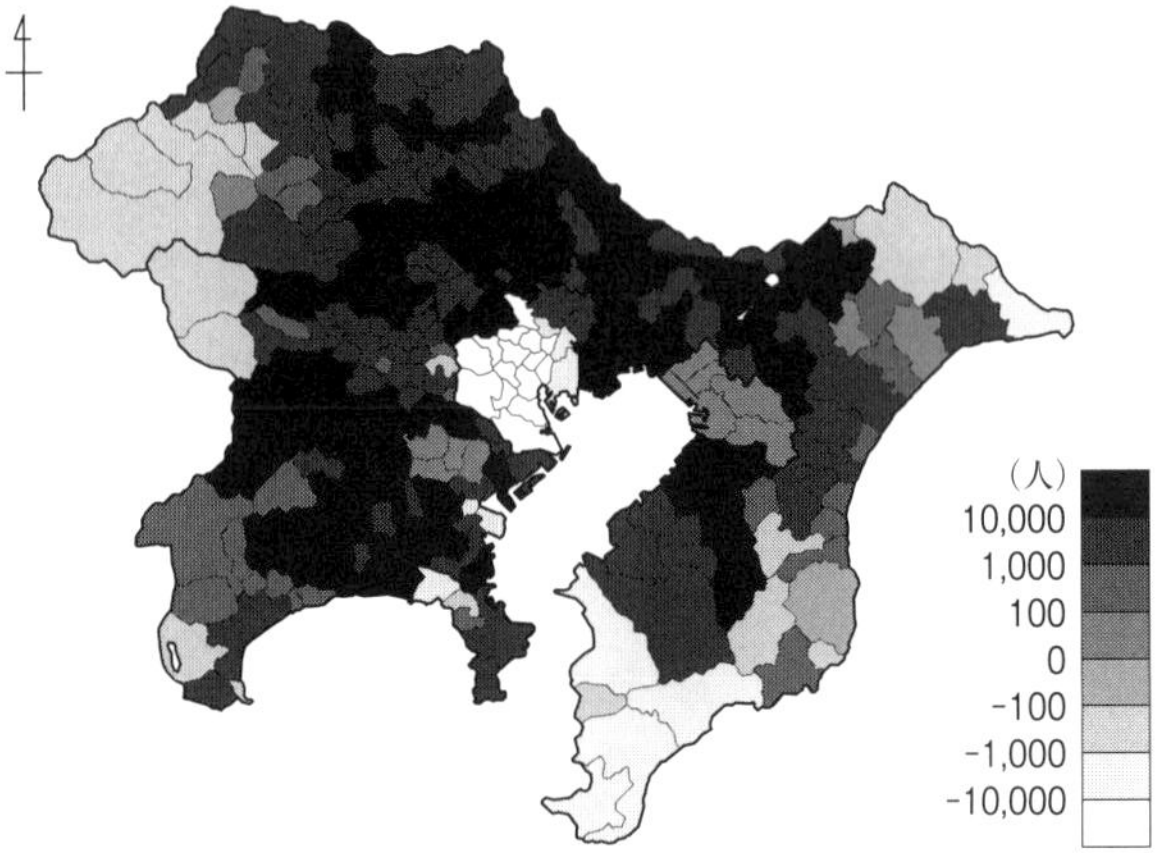

図E-2　東京圏の人口増減（1985～1990年）
昭和末期から平成にかけて東京圏の大部分では大幅な人口流入が続いた

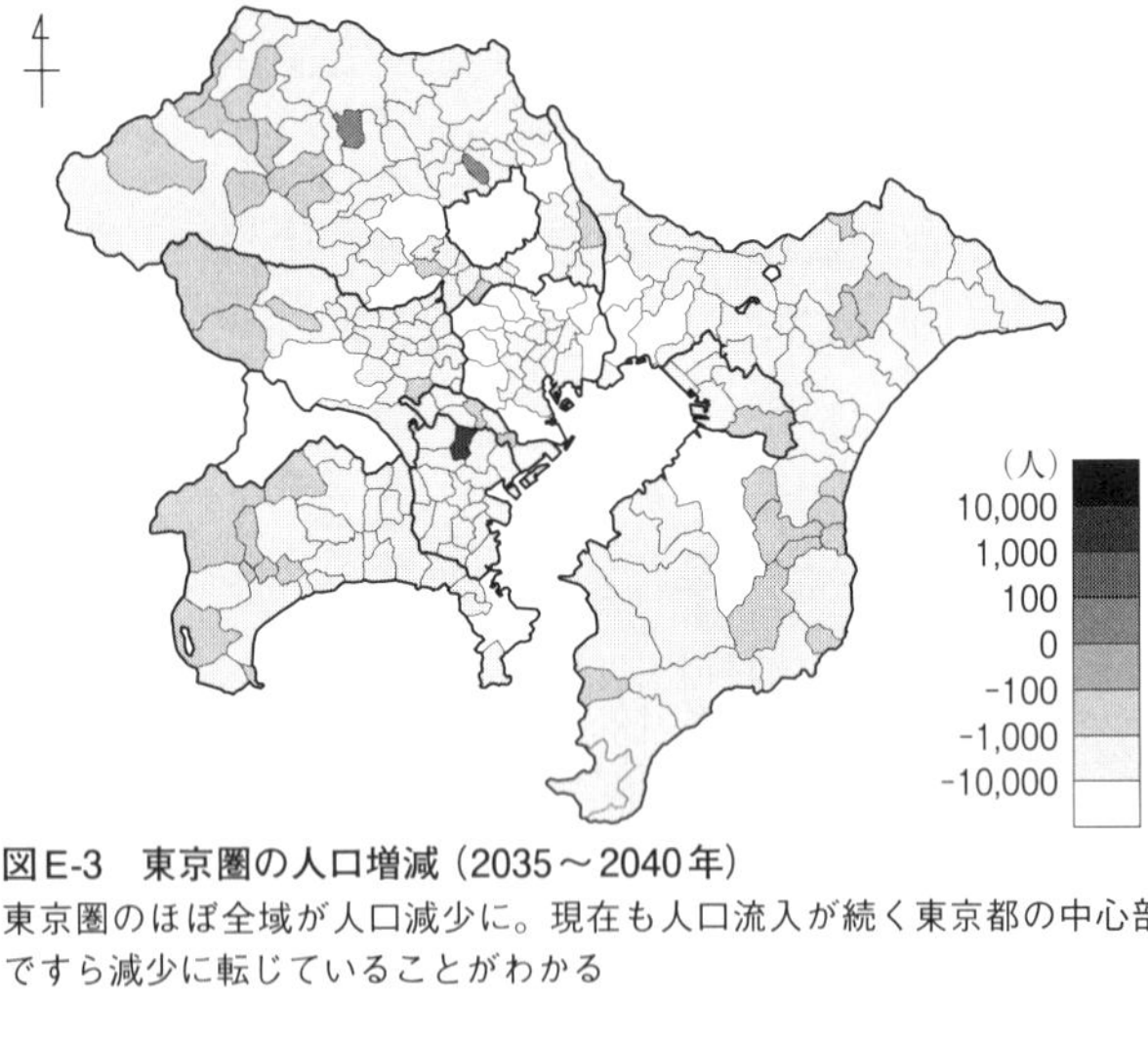

図E-3　東京圏の人口増減（2035～2040年）
東京圏のほぼ全域が人口減少に。現在も人口流入が続く東京都の中心部ですら減少に転じていることがわかる

実が明らかになった。現時点で人口増加をしている江東区や、千代田区、中央区、港区といった東京の中心地ですら、人口減少の波から逃れることはできず、２０４０年には横浜市都筑区などごく一部を除くほぼすべての市区町村で人口減少に転じることがわかったのだ。

住民基本台帳人口移動報告（２０１６年結果）では、地方からの転入により、東京圏の人口は今でも年間10万人以上増え続けている。にもかかわらず、なぜこのようなことが起きるのか。私たちは取材を進めることにした。

〝郊外〟が消える!?

今、東京圏に何が起き始めているのかを知るため、私たちは、明治大学の川口太郎教授の元へ向かった。川口教授は、国勢調査や住民基本台帳などのデータを基に、東京圏における人口移動の傾向やその変化について調べてきた。世帯の属性や世代による移動を丹念に追っていくと、郊外と東京中心部の両方に忍び寄る〝新たな危機〟が浮かび上がってきたという。

これまで、地方から上京した若者は、結婚し世帯を持つと、東京区部から東京郊外へと移って住居を構え、子どもを産み育て、父親は郊外から中心部へ通勤をするというライフスタイルが一般的であった。これは、東京中心部で人口が減り、郊外で人口が増える「ドーナツ化現象」として知られ、日本の都市部で見られる特徴的な人口移動であった。ところが、２

000年以降の世帯分布を見てみると、かつては結婚して郊外に移り住んでいた20代、30代が、未婚化の進展により単身世帯のまま都心部に留まり続けるようになっているという。

さらに、バブル崩壊以降、23区の地価が徐々に下がり、ファミリー層向けの住宅供給が進んだことや、共働きが増加したことで、たとえ結婚したとしても郊外へは出ていかず、東京区部で居を構え、職住近接で子どもを産み育てるというライフスタイルが定着しつつあることもわかってきたという。こうした人口移動の変化は、郊外にとっては人口減少に直結する大打撃である。子どもを産み育てる〝人口再生産力〟の高いファミリー層の増加が見込めないうえに、もともと郊外で生まれ育った若者たちも、次々と東京中心部に出ていってしまっているからだ。

さらに郊外に忍び寄るもう一つの危機が、地方から大量に流入してきた団塊の世代の高齢化だ。郊外に留まったまま一斉に高齢期を迎えることになり、東京周辺部では2025年にかけて後期高齢者人口が1・5倍にも膨れあがる。それはそのまま自治体に、社会保障費として重くのしかかっていくことになるのだ。

東京の未来図・横須賀市で何が……

こうした危機が、すでに現実のものとなりはじめている自治体がある。かつて軍都として栄え、人口40万人を抱える中核市、横須賀市だ。今回の国勢調査では、前回比でおよそ1万2000人減と、東京圏の市町村のなかで最も多くの人口が減少した。横須賀市は、高度経済成長期には人口の流入が急速に進んだものの、その後、ほかの郊外よりも一足早く流入が停滞し、1995年の国勢調査からは人口が減少に転じている。若い人が減り、高齢者が取り残された結果、高齢化率が30%と、東京圏の平均24%、全国平均27%と比べても高い。今、高度経済成長期に流入した世代が死亡期にさしかかり、死亡者数の増加による人口減少スピードも年々増している。ここに、東京が今後直面する未来図があるのではないか。そう考え、私たちは、横須賀市を取材することにした。

人口減少による影響はどのような形で自治体に影響を及ぼしているのか。私たちはまず、財政課を訪ねた。横須賀市は、人口構造の大幅な変化により、財政面での大きな痛みに直面しているという。高齢化の進展などによる「社会保障費の増大」と、人口減少による、市税をはじめとした「収入の減少」という二重苦だ。横須賀市では、高齢者の増加などにより、2001年から2015年の14年間で、社会保障費の財政負担が195億円から481億円と、286億円も増加。市の歳出の3分の1を占めるまでに膨れあがり、財政を圧迫している。その一方で、若い世代の減少などにより、労働力人口は減り続けており、市の収入の多くを占める市税は、698億円から612億円と86億円減少している。

この二重苦により、２００２年から、一年間に入ってくる収入だけでは年間の必要経費をまかなうことができない状態がほぼ毎年続いている。横須賀市では、一般の家庭の貯金にあたる財政調整基金等を取り崩すことで、収入を補塡する状態にあり、２０１４年に行った予測では、現状のままではその貯蓄も２０１７年度には底をついてしまうのだという。

こうした中、横須賀市では、財政調整基金の取り崩しをいかに抑制するかが喫緊の課題となっている。

そこで、10年前から始めたのが、市の所有する土地の売却だ。老朽化が進み廃止する予定の施設や、設備の更新が必要な施設を全庁の各部署からリストアップし、それらの機能や設備を統合・集約できないか、施設の更新が必要かどうかを専門チームで検討。不要と判断された施設については、競売にかけて売却していくというものだ。横須賀市ではこれまでに高校跡地や市営住宅など10件以上の土地の売却を行っており、２０１４年からの４年間で20億円の売却目標を掲げ、さらに強化している。

公共施設の大幅削減に着手

しかし、人口減少が進む中では、こうした方法には限界がある。市がいくら土地を売りたいと考えていても、横須賀市では商業施設や住宅の需要は下がる一方であり、買い手がつかなかったり、最低落札価格に達しないケースが相次いでいる。さらに、市が「活用する見込みがない」と考えたものであっても、地域の住民の生活や文化活動に密接に関わっている施設も多く、市民から「一時的な現金を得るために市民の大切な財産を売るのか」という声が上がることもあるという。

そのひとつが、100年以上の歴史を持つ古民家であり、高齢市民の憩いの場として活用されていた、婦人会館だ。和洋折衷の庭園は、「文藝春秋」の創刊者である菊池寛が小説『不壊の愛』の中で「芝生を一杯に植ゑた西洋風の美しい庭園」とその様子を描写したほど、多くの人の心を魅了してきた。年間6500人が茶道や囲碁といった文化活動に利用したり、同窓会を行ったり、市民の交流の場としても広く愛されてきた。しかし、市は、庭園の維持や建物の管理に年間500万円かかるほか、耐震工事も必要になるとして取り壊しと売却を決めた。売却に反対し、住民から署名を集めた原田弓子さん（78歳）は、婦人会館の歴史を調べる中で、元の所有者である旧佐賀藩士の息子が、「そのままの形で残してくれる人に譲りたい」と強く希望していたことや、ペリーが浦賀に来航したころからの造船の歴史を受け継いだ造船所、通称〝浦賀ドック〟の社長が、その希望を知って買い取り、外国からの客人接待や社員の結婚式など、特別な席で使用し大切にしていたことなどを知り、市の歴史と密接に関わる文化として保存するべきだと訴えてきた。原田さんは、「社会保障費を理由に、地域の歴史や文化が一つ、また一つと売却されていくことに怖さを感じる。残すべきものはきちんと後世に残さなければいけない」と話した。しかし、原田さんの思いは叶わず、婦人会館の土地は4億4000万円で落札された後に取り壊され、住宅地になることが決まっている。

土地の売却での収益増加に限界がある中、横須賀市は、さらなる方法で人口減少時代に対処しようとしている。それは、大幅な公共施設の削減だ。市内にある全348施設のうち、134ヵ所を2052年度までに段階的に廃止・縮小などを検討していく計画だ。

その案を記したリストには、小学校9校のほか、幼稚園、コミュニティセンターなど、地域の中核を担ってきた施設も多く含まれている。

「10年以内に廃止」とされた施設のひとつが、40年の歴史を持つ、市立大楠幼稚園。横須賀市内には幼稚園や認定こども園を合わせて50施設あるが、その多くが市の中心部にある東側に位置している。今回廃止の対象とされた大楠幼稚園は横須賀市西部の大楠地区で唯一の幼稚園として、地域の需要に応えてきた。この大楠地区では子どもの数が増えているにもかかわらず、市は住民に対し、「すでに役割を終え、存在意義が薄れている。私立幼稚園にはバスも出ているので、そちらに通ってほしい」と説明したという。

地域の幼稚園が突然廃止の対象になったことに対し、住民の間では反発が広がっている。

次男が大楠幼稚園に通っているという、保護者の会代表の眞中泰行さんは、「40年続いた幼稚園は、地域コミュニティの核となっている上、バスで山を越えて通うのは子どもにとっても大きな負担となる」とおよそ7000人分の署名を集め、反対運動を続けている。

人口減少が急速に進む中で、自治体の規模をいかに縮小していくのか。特に都市部では、減少のスピードが速いため、早急な対応が必要とされる。しかし、右肩上がりで人口が増えてきた都市部の自治体には、公共施設の統廃合の経験もなければノウハウもない。誰も経験をしたことのない時代をどう切り抜けていくのか、自治体職員にも、住民にも切実な問題が突きつけられていることがわかってきた。

行く当てのない遺骨たち

さらに横須賀市では、死亡者数が右肩上がりを続ける中、思いがけない問題が起き始めているという。そう聞いた私たちは、生活困窮者の福祉などを担当する、横須賀市福祉部生活福祉課を訪ねた。自立支援担当課長の北見万幸《かずゆき》さんが、守衛室として使われていたという部屋に案内してくれた。現在は印刷用トナーや資料を大量に保管する倉庫として使われているその部屋の奥に、高さ180センチほどの扉付きのロッカーがある。その扉を開けると、20口《こう》ほどの骨壺がずらりと並んでいた。北見さんが購入したという、350mℓビ

高さ180センチほどの扉付きのロッカーには引き取り手を待つ骨壺が並んでいた（©NHK）

ール缶とワンカップの日本酒が、供えてあった。
北見さんは、少しばつが悪そうな顔をして言った。「これは引き取り手を待っている遺骨です。何しろこういうことを想定していなかったものですから庁内に保管場所もなくて、こんなところで申し訳ないんだけど……」。これらはすべて、家族に代わって市が火葬を行い、引き取り手を探している遺骨なのだという。

海に面している横須賀市では、水死体が時々上がることがあり、年間10件ほどの身元不明人の遺体を火葬し、身元が判明して家族が引き取りにくるまで一時的に預かってきた。ところが、一人暮らし高齢者の死亡が増加するにつれて、10年ほど前から、病院や施設、自宅などで亡くなった、身元のはっきりしている一般市民の遺体まで、市が火葬したり、遺骨を保管したりしなければならなくなってきているという。その数は増え続け、2014年には60体まで増加したという。遺体を火葬するには当然費用がかかるが、想定外に件数が増加したために、その年にはとうとう予算が底をついてしまったというのだ。

このロッカーの遺骨は、親族の引き取りがなかったり、一定の期間がたっても連絡がつかなかったりした場合に、浦賀にある「無縁納骨堂」に移される。そこにはさらに、30ほどの遺骨が骨壺のまま保管されている。かつては、市の管理する遺骨はこの納骨堂ですべて保管してきたが、今ではすぐに満杯になり、そのまま保管することができなくなっているという。そこで横須賀市では、10年前に、こうした遺骨をすべて一緒に埋葬する合葬墓を新たに設置することになった。数年に一度、納骨堂から骨壺を取り出し、中の遺骨を合葬墓に撒く「合葬」の作業を行っているという。その作業がちょうど行われるということで、取材させてもらうことになった。

無縁納骨堂は、かつて市営の火葬場として使われていた土地を奥まで進んだ小高い丘の上にある。普段はゲートに鍵がかけられ、市の許可なしに人が立ち入ることはない。丘の上へと続く細い坂道は、草が大人の背丈ほどに伸びてしまうため、この日のためにあらかじめ草刈りをしたという。ブロックを積み上げて作られた、物置小屋のような建物が、無縁納骨堂であった。扉を開けると、無数の虫の死骸が床に転がっていた。その中には、木で棚が作られており、その上にびっしりと骨壺が並んでいた。

北見さんの合図とともに、市の職員が骨壺の入った箱を、バケツリレーのように次々と取り出していく。箱の中から、骨壺と埋葬許可証を取り出し、骨壺をブルーシートの上に並べていく。箱の中には骨壺のほか、遺影や、保険証、財布、預金通帳、仕事で使っていたとみられるＩＤカードなどの遺留品が、次々と出てくる。ある骨壺には、タクシー運転手の制服を身にまとい、きまじめそうな顔をした高齢男性の証明写真が納められていた。年金だけでは足りず、高齢になってからも運転手としての収入を得て生活をしていたのだろう。父親の位牌や数珠が一緒に納められており、先祖を大切に弔っていたことを覗わせた。また、別の骨壺からは、50万円ほどの残高が入った通帳も出てきた。

北見さんによると、こうした通帳にまとまった金を残して亡くなる人は少なくないが、市には当然、相続権がないので、簡単には下ろすことはできない。市が火葬費用を立て替えて、相続権のある親族から回収する決まりになっているが、市が連絡をとっても、住まいが遠方であったり、疎遠になっていたりといった理由で関わりを拒否され、回収できることはほとんどないという。市の職員は親族に対し、「せめて遺骨の引き取りだけでもしてもらえないか」と交渉するが、「入れる墓がない」「生活が苦しく供養する金がない」といった理由で拒否されることが珍しくないという。

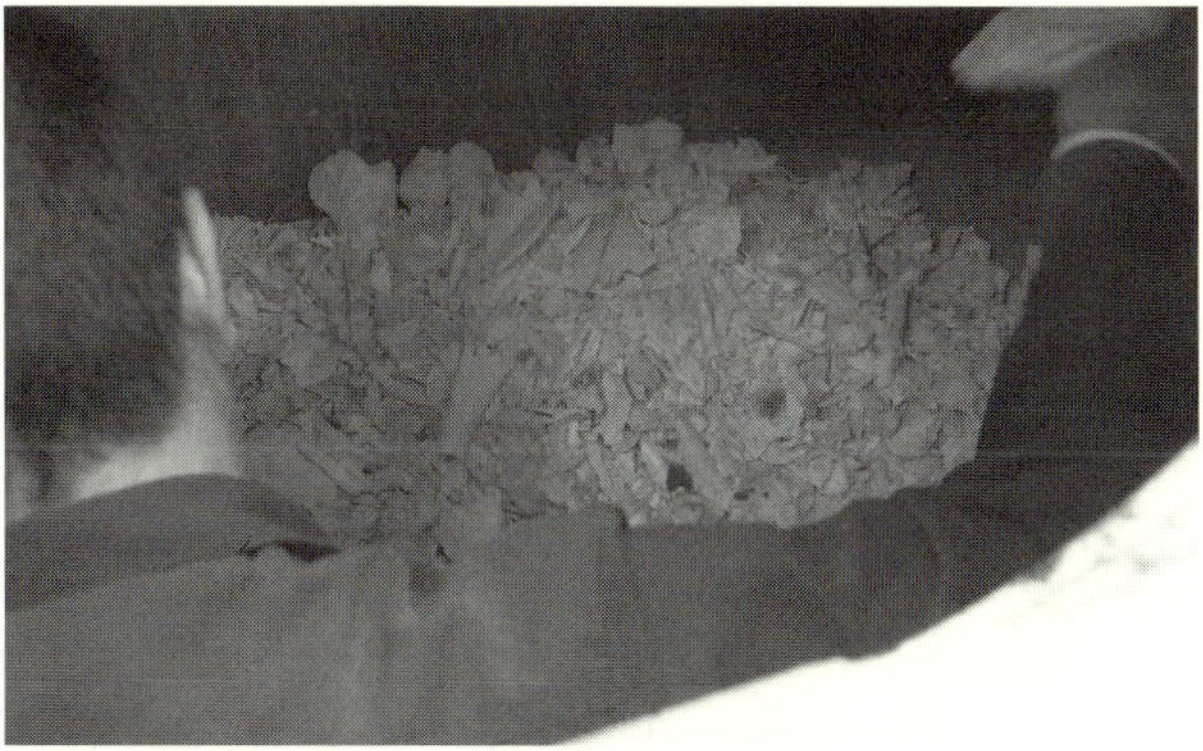

無縁納骨堂に収めきれなくなった遺骨は、合葬墓にまとめて埋葬される（©NHK）

１時間ほど経過すると、納骨堂から１７１の骨壺がブルーシートに並べられ、白い陶器が太陽の光を反射して光沢を放っていた。すると今度は、葬儀社のスタッフが、骨壺から遺骨を取り出し、麻袋に数十人分ずつ、次々と詰め込んでいく。市では宗教的な供養をすることはできないため、１７１人分の遺骨は別の場所に設置された合葬墓にまとめて埋葬されるだけで、弔いは一切ないという。「先祖のお墓がある方もいるはずなのに、供養もされずに、すべて一緒くたに埋葬されるなんて。このままでいいんだろうかと、思ってしまいます」。その作業を見守りながら、北見さんはつぶやいた。

行政に死後を託すしかない人たちというのは、どんな人たちなのか。取材班は、市役所のロッカーで、「８２９番」の管理番号で保管されていた男性について取材した。79歳で亡くなったDさんは生涯独身の一人暮らし。晩年はがんを患って通院しており、こたつで亡くなっていたところを隣人に発見された。戸籍から、遠方に親族が暮らしていることがわかったが、連絡がつかなかったという。

男性が暮らしていたアパートを訪ねた。死後半年以上経過しているが、部屋は男性が死亡した当時のままで残されているという。アパートはコンクリート造りの古い建物で、エアコンがないのか、猛暑日であったその日、住民たちはドアを開けたままにして過ごしており、通りまでテレビの音が響いていた。住民の一人に大家の住まいを尋ね、その足で訪ねると、腰のまがった80代の女性が出迎えてくれた。「Dさんとは25年のつきあいだったんです……本当に気さくで、人付き合いのいい人でした」

一人暮らしをしている大家さんは、電球の交換や水道管の不具合などで困ったことがあると気軽にDさんに頼っていた。男性はふるさとから、年に2回、盆と正月に、野菜や海産物が届くと決まって大家さんの家に持ってきてくれ、それを材料として時には一緒に食事をすることもあったそうだ。大家さんは、亡くなってから半年以上たった今でも、毎朝欠かさず、男性のために自宅の仏壇に線香を上げている。

東北地方の農家出身のDさんは、家を継ぐ立場になかったため、戦後復興期であった1952年、16歳の時に故郷を離れ、大阪で塗装工としての職を得た。その後、高度経済成長期まっただ中の1960年、24歳の時、勤めていた会社が倒産したのをきっかけに、当時人口が急増し建設ラッシュに沸いていた横須賀へと仕事を求めてやってきたらしい。現在はアパートとして使われている、Dさんが暮らしていたコンクリート造りの建物は、全国から横須賀へと出稼ぎにやってきた工員にあてがわれた寮だった。Dさんはここに身を置きながら、塗装工として自営で働いていた。「働きぶりはまじめだけど、お酒が好きで気さくな性格だから訪ねてくる人も多くて、年をとってからも友達は多かったと思いますよ」と大家さんは話した。

「遺骨の引き取り手もない人」というと、孤立した生活をしている人という印象があったが、Dさんは意外にも、仕事や地域での縁を大切にし、晩年まで人に囲まれて暮らしていた。

市役所のロッカーに安置され、行き先の決まっていないDさんの遺骨。引き取り手の手がかりとなるものがないか探るため、北見さんがDさんの部屋へ入るというので、大家さんの許可を得て、取材班も同行させてもらうことになった。部屋に入ると、救急隊が遺体を運び出すために動かしたのか、こたつがひっくり返ったままになっていた。6畳ほどの部屋が2つと、1口コンロの簡単なキッチン。料理が好きだったというDさんが最後に使ったままになったと思われる、包丁とまな板が炊事場に置きっ放しになり変色していた。

北見さんが部屋を調べると、Dさんが寝起きしていたとみられる布団の枕元に、思いが

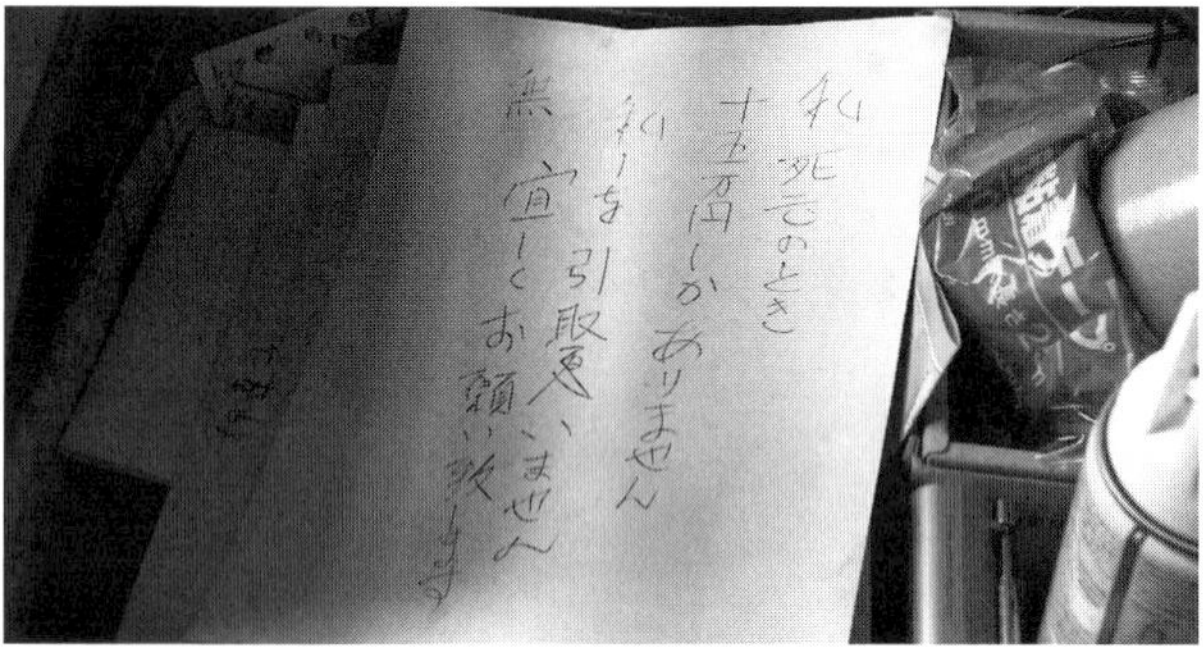

Dさんが残したメモの一部（©NHK）

けないものを見つけた。厚紙に鉛筆で丁寧に書かれたメモが置いてあり、宛名は「横須賀市役所」。そこには、震えるような文字でこう書かれてあった。

「15万円しかありません。私を引取る人いません。無縁仏にしてください。宜しくお願い致します」。

自分に残された命が少ないことを悟ったDさんが、最後の力を振り絞って書いたのだろう。北見さんは長い沈黙のあと、こうつぶやいた。

「『15万円しか』っていうのがね……生活が楽じゃない中で、最後は自分のお金で何とかしてほしいという思いから、とっておいたんだろうね。だけど、市は無縁墓には入れることはできるけど、弔いができないから無縁〝仏〟にはできないんですよね……」

顔を上げた北見さんの目は、涙で真っ赤に腫れていた。

後日、北見さんからＮＨＫに電話があった。Ｄさんの部屋で見つけた宅配便の荷物の伝票に、最後まで交流があったと思われる親族の名前を見つけ、連絡したところ、話をすることができた。北見さんが親族に事の顚末を説明すると、「引き取りたいのだが、入れる墓がないため引き取ることはできない」と断られたという。「行政マンとしては、どうかと思うけど、ご親族の了解を得られたので、僕のポケットマネーで、お寺の供養付きの無縁納骨堂で弔ってもらおうと思っています。あのメモを見たら、せめて無縁〝仏〟にしなくちゃと思ってしまって……」。Ｄさんの遺骨は今、横須賀市内のお寺の納骨堂に納められ、供養されている。

東京・死の一極集中

真面目に生きてきた人が、誰にも看取られることなく亡くなり、無縁仏にさえなれない時代。東京の見えないところで単身高齢化が進行し、今や誰もがそうならないと言い切れなくなっている。今は家族のある人でさえ、離婚や伴侶との死別でひとたび独り身になれば、同じ境遇に陥りかねない。そんな危険がすぐそこまで迫ってきているのである。

２０２５年、団塊の世代が一斉に75歳となり、２２００万人、実に５人に１人が後期高齢者となる。

東京をはじめとした大都市圏では医療や介護を必要とする高齢者の急増は避けられず、介護施設や医療機関で最期を迎えるのはこれまで以上に難しくなる。そのため、誰にも介護してもらえず、自宅で放置され、人知れず亡くなる人が急増するかもしれない。賃貸住宅に住んでいる単身高齢者の中には家賃を払えなくなり退去を迫られる人もあるだろう。そうなったとき、自宅でもなく、病院でもない、自分の死に場所さえ見つけられない、「死に場所難民」が出てくる、そう指摘する学者もいる。

いま東京に起きている一極集中が「死の一極集中」へと姿を変える日は近いかもしれない。そんな恐ろしい時代への突入を横須賀市の事例は予感させるのである。

縮小ニッポンの処方箋はあるのか？

地方の豊富な労働力を支えに、繁栄を享受してきた東京。そこで生み出した富を地方に再配分することで、日本は長年成長を続けてきた。しかし、地方の人口減少が限界に近づき、消滅の危機と格闘している間に、東京への労働力の供給が断たれ、富を生み出すことも、地方に再配分することも叶わなくなっていく。縮小ニッポンの未来図とは、豊島区長の言う「地方も東京も共倒れ」になった末の姿なのかもしれない。

国は、地方の産業を創出し人口の流出を防ごうという「地方創生」を２０１４年から５

ヵ年計画で進めている。東京圏から地方への人口転出を4万人増やし、地方からの転入を6万人減らすことによって、10万人の転入超過を解消する計画だった。ところが、2016年になっても東京圏は依然として11万7868人の転入超過が続いている。その流れを止める手立ては見つけられていない。

私たちもまた、東京、夕張、島根で取材してきた映像を編集しながら、日本が再生するための方策がないか、考え抜いた。しかし、無責任に聞こえるかもしれないが、「これが処方箋です」と勧められるような策は見当たらず、その提示を諦めざるを得なかった。

2020年、東京オリンピック・パラリンピックが起爆剤となって、日本が再び経済発展を果たせるのではないかという淡い期待を抱く向きもある。しかし、1964年の東京オリンピックがもたらした高度成長の再現を期待するのは、いささか楽観的すぎるだろう。当時は、高齢者が少なく、若い働き手が多かったため、放っておいても経済が拡大したが、私たちを待ち受けているのは、世界史にも前例のない急激な高齢化と人口減少である。

東京オリンピックから5年後にあたる2025年は、団塊の世代が75歳以上の後期高齢者になる年である。この年以降、日本は5人に1人が75歳以上という超高齢社会に突入する。ニッポンを支えてきた団塊の世代が医療や介護を受ける側にまわるようになれば、消費は著しく減退するとともに、社会福祉費が増大し、国家財政が破綻の危機に瀕する。東京オリンピックは、縮小ニッポンがもたらす歪みが噴出し始める分水嶺となる。祝祭の先で私たちを待ち受けているのは、奈落の底へとつながる絶壁なのかもしれない。

そうした厳しい状況の中で、私たちにできることとは何か。それは、国も自治体も、そして私たち国民も、この過酷な現実をしっかりと直視し、問題を先送りしないことしかない。その上で、これまで当たり前に思っていた行政サービスを諦めたり、自分たちの暮らす地域を縮めていくなど、一人ひとりが痛みを分かち合いながら、「撤退戦」に身を投じなければならないだろう。そこには地方と東京の差はない。私たちは、次の世代にこの日本をつないでいく責任を負う者として、縮小ニッポンの未来図と向き合う覚悟があるのか、今まさに問われているのである。

NHKスペシャル「縮小ニッポンの衝撃」制作スタッフ

出演／阿部 渉　　語り／髙橋美鈴
撮影／小椋崇広、角 文夫、大江良樹
音声／緒形慎一郎、福本直希　　映像技術／小林秀二
編集／山内 明、大図貴子、米澤恵太　　音響効果／齋藤名穂子
取材／清水瑶平、下平賢哉、中川早織、石井 寧
取材デスク／阿部千恵子
ディレクター／植松由登（全体＋夕張パート）
鈴木冬悠人、森田智子（東京パート）
花井利彦、田淵奈央、永井康之（島根パート）
プロデューサー／天川恵美子、大鐘良一、高倉基也、小野寺広倫

執筆者プロフィール

植松由登（うえまつ・よしと）
NHK札幌放送局ディレクター。1980年京都府生まれ。プロローグ、第2章、第3章を執筆。2003年入局。NHKスペシャル『高速ツアーバス 格安競争の裏で』（「地方の時代」映像祭優秀賞）『東日本大震災震災遺児1500人』『エネルギーの奔流 資源は足りるのか』などの報道番組を制作。2014年に赴任した北海道では夕張や北方領土、樺太地上戦などのテーマを取材してきた。

清水瑶平（しみず・ようへい）
NHK報道局スポーツニュース部記者。1983年大阪府生まれ。第1章を執筆。2008年入局。熊本局に5年間赴任し、主に事件や行政取材を担当。2013年夏から社会部で各地の災害報道を続け、NHKスペシャル『巨大災害 MEGA DISASTER』などを制作、2015年夏からは遊軍プロジェクトで人口減少をめぐる問題を取材。2016年夏から現担当で、東京オリンピック・パラリンピックの課題などを取材している。

鈴木冬悠人（すずき・ふゆと）
NHKグローバルメディアサービス報道番組部ディレクター。1982年東京都生まれ。第1章を執筆。2005年入局。鹿児島局、水戸局、報道局社会番組部などで、人物ドキュメントや時事問題を取材。NHKスペシャル『被災地 こころの軌跡』、総合特番『密着・市川染五郎』『油井宇宙飛行士

の142日』、クローズアップ現代『"見えない声"にどう向き合うか』『どう過ごす ペットと老いの日々』、BS1スペシャル『美術家たちの太平洋戦争』などの番組を制作。

田淵奈央（たぶち・なお）

NHK松江放送局ディレクター。1990年島根県生まれ。第4章を執筆。2014年入局。松江放送局に赴任し、人口流出に悩む離島の人材確保の取り組みを追った『人生デザインU-29』や、地域での高齢者の支え合いを見つめた番組などを制作。入局以来一貫して、人口減少や高齢化など地方が抱える問題をテーマに取材を進めている。

花井利彦（はない・としひこ）

NHK報道局社会番組部ディレクター。1976年岐阜県生まれ。第5章を執筆。2002年入局。沖縄局、報道局国際番組部・社会番組部、広島局において、NHKスペシャル『戦場の軍法会議』『里海SATOUMI 瀬戸内海』（「地方の時代」映像祭グランプリ）『水爆実験 60年目の真実』（放送文化基金賞奨励賞）、クローズアップ現代『"集団自決"62年目の証言』など、戦争・核問題に関する番組を中心に制作。

森田智子（もりた・ともこ）

NHK報道局社会番組部ディレクター。1985年群馬県生まれ。エピローグを執筆。2009年入局。福岡放送局へ報道番組ディレクターとして赴任。現在は『クローズアップ現代＋』などを担当。クローズアップ現代『働くのがこわい"新たな引きこもり"』『"偽装質屋"狙われる高齢者たち』、クローズアップ現代＋『広がる在宅医療の陰で』『相い次ぐ"墓トラブル"』など、雇用や社会保障、高齢社会の問題を中心に番組を制作。

大鐘良一（おおがね・りょういち）

NHK報道局チーフプロデューサー。1967年東京都生まれ。第1章、エピローグを執筆。1991年入局。札幌局、報道局社会番組部などにおいて、NHKスペシャル『奥尻島・遺族たちの一年』『高倉健が出会った中国』『長野・密着いじめ対策チーム』『宇宙飛行士はこうして生まれた』など、ドキュメンタリー番組を制作。著作に『ドキュメント 宇宙飛行士選抜試験』『若田光一 日本人のリーダーシップ』（ともに光文社）がある。

講談社現代新書　2436

縮《しゅく》小《しょう》ニッポンの衝《しょう》撃《げき》

二〇一七年七月二〇日第一刷発行　二〇一七年九月一一日第五刷発行

著者　NHK《エヌエイチケイ》スペシャル取材班《しゅざいはん》

発行者　鈴木 哲

発行所　株式会社講談社
東京都文京区音羽二丁目一二―二一　郵便番号一一二―八〇〇一

電話　〇三―五三九五―三五二一　編集（現代新書）
〇三―五三九五―四四一五　販売
〇三―五三九五―三六一五　業務

装幀者　中島英樹

印刷所　凸版印刷株式会社

製本所　株式会社大進堂

定価はカバーに表示してあります　Printed in Japan

N.D.C. 318　198p　18cm
ISBN978-4-06-288436-5

「講談社現代新書」の刊行にあたって

教養は万人が身をもって養い創造すべきものであって、一部の専門家の占有物として、ただ一方的に人々の手もとに配布され伝達されうるものではありません。

しかし、不幸にしてわが国の現状では、教養の重要な養いとなるべき書物は、ほとんど講壇からの天下りや単なる解説に終始し、知識技術を真剣に希求する青少年・学生・一般民衆の根本的な疑問や興味は、けっして十分に答えられ、解きほぐされ、手引きされることがありません。万人の内奥から発した真正の教養への芽ばえが、こうして放置され、むなしく滅びさる運命にゆだねられているのです。

このことは、中・高校だけで教育をおわる人々の成長をはばんでいるだけでなく、大学に進んだり、インテリと目されたりする人々の精神力の健康さえもむしばみ、わが国の文化の実質をまことに脆弱なものにしています。単なる博識以上の根強い思索力・判断力、および確かな技術にささえられた教養を必要とする日本の将来にとって、これは真剣に憂慮されなければならない事態であるといわなければなりません。

わたしたちの「講談社現代新書」は、この事態の克服を意図して計画されたものです。これによってわたしたちは、講壇からの天下りでもなく、単なる解説書でもない、もっぱら万人の魂に生ずる初発的かつ根本的な問題をとらえ、掘り起こし、手引きし、しかも最新の知識への展望を万人に確立させる書物を、新しく世の中に送り出したいと念願しています。

わたしたちは、創業以来民衆を対象とする啓蒙の仕事に専心してきた講談社にとって、これこそもっともふさわしい課題であり、伝統ある出版社としての義務でもあると考えているのです。

一九六四年四月　野間省一